AF747571

www.ingramcontent.com/pod-product-compliance
Lightning Source LLC
LaVergne TN
LVHW050853051026
849532LV00006BA/2234
* 9 7 8 9 3 6 9 0 8 5 0 3 3 *

غبار خاطر

حصہ اول

خط نمبر ۱ تا نمبر ۱۳

ابو الکلام آزادؒ

مرتبہ: محب علوی، اعجاز جبید

Ghubaar-e-Khatir - Part:1

by: Maulana Abul Kalam Azad

Edition: August '2025
Publisher :
Taemeer Publications LLC (Michigan, USA / Hyderabad, India)

ISBN 978-93-6908-503-3

کتاب	:	**غبارِ خاطر** (حصہ : اول)
مصنف	:	**مولانا ابو الکلام آزاد**
صنف	:	غیر افسانوی نثر
ترتیب / تدوین	:	محب علوی، اعجاز عبید
ناشر	:	تعمیر پبلی کیشنز (حیدرآباد، انڈیا)
سالِ اشاعت	:	۲۰۲۵ء
صفحات	:	۲۱۶
سرورق ڈیزائن	:	تعمیر ویب ڈیزائن

فہرست

حرفِ چند

یہ کتاب مولانا ابوالکلام آزاد کے ان خطوط پر مبنی ہے جو مولانا نے احمد نگر قلعے کی جیل سے 'صدیقِ مکرم' یعنی مولانا حبیب الرحمٰن خاں شیروانی (شیروانی کو اصل کتاب میں شروانی لکھا گیا ہے) کو لکھے گئے تھے جو کبھی سپر دڈاک نہیں ہو سکے۔ صرف لکھ کر اپنے پاس رکھ لئے گئے، بعد میں ایک فائل میں رکھ کر مکتوب الیہ کو دیے گئے تو انہیں ان کے دیدار ہو سکے۔

مکتوب الیہ مولانا حبیب الرحمٰن شیروانی (۱۸۶۷ء تا ۱۹۵۰ء) ندوۃ العلماء لکھنؤ کے استاد، مولانا شبلی نعمانی کے رفیق اور خود بھی اردو کے ادیب تھے۔ وہ عثمانیہ یونیورسٹی حیدر آباد دکن کے ۱۹۱۸ء میں پہلے وائس چانسلر بھی تھے اور نظام دکن سے انہیں نواب صدر یار جنگ بہادر کا خطاب عطا ہوا تھا۔ وقار حیات (۱۹۲۵ء)، بوستان حسرت، نابینا علما (۱۹۳۷ء)، تذکرۂ شاہ بابر غازی (۱۹۲۷ء)، سیرۃ الصدیق (۱۹۲۱ء)، استاذ العلماء (۱۹۳۷ء) وغیرہ کتب ان کی تصنیف کردہ ہیں۔

مولانا آزاد کے سکریٹری محمد اجمل خاں نے ان خطوط کی نقول بنا کر مولانا آزاد کی اجازت سے ۱۹۴۶ء میں شائع کیے۔ گویا کہ اصل میں یہ جمع و ترتیب پہلی دفعہ تو محمد اجمل خان کے ہاتھوں عمل میں آئی۔ اس کے دو ایڈیشن تو ۱۹۴۶ء سے پہلے شائع ہو چکے تھے، لیکن ۱۹۴۶ء میں ایک مزید خط اور حاصل ہوا تو تیسرے ایڈیشن میں اس کا اضافہ کر کے کل ۲۴ عدد خطوط شائع کیے گئے۔ بعد ازاں مشہور محقق اردو مالک رام نے ان کو مختلف انداز سے مرتب دے کر مختلف حواشی بھی شامل کیے۔

زیر نظر کتاب میں صرف محمد اجمل خان کا مقدمہ اور مولانا آزاد کا تحریر کردہ دیباچہ شامل ہے۔ اس کے متن کو اردو ویب ڈاٹ آرگ ویب سائٹ کی مشہور آن لائن اردو فورم 'اردو محفل' (اب مرحوم) کے اراکین نے ٹائپ کر کے اردو متن میں فراہم کیا ہے، فورم کے مختلف صفحات سے محب علوی اور اعجاز عبید نے متن جمع و ترتیب کر کے اردو متن کی کمپیوٹر فائل بنائی ہے، اور اب اس کی پروف ریڈنگ کی جا سکی ہے اور اسے آن لائن شائع کیا جا رہا ہے۔

اعجاز عبید

مقدمہ

تاریخ واقعاتِ شہاں نانوشتہ ماند

افسانہ کہ لفت نظیری کتاب شد

اس مجموعے میں جس قدر مکتوبات ہیں، وہ تمام تر نواب صدر یار جنگ مولانا حبیب الرحمٰن خاں صاحب شروانی رئیس بھیکم پور ضلع علی گڑھ کے نام لکھے گئے تھے۔ چونکہ قلعہ احمد نگر کی قید کے زمانے میں دوستوں سے خط و کتابت کی اجازت نہ تھی اور حضرت مولانا کی کوئی تحریر باہر نہیں جا سکتی تھی اس لیے یہ مکاتیب وقتاً فوقتاً لکھے گئے اور ایک فائل میں جمع ہوتے رہے۔ ۱۵ جون ۱۹۴۵ء کو جب مولانا رہا ہوئے تو ان مکاتیب کے مکتوب الیہ تک پہنچنے کی راہ باز ہوئی۔

نواب صاحب سے حضرت مولانا کا دوستانہ علاقہ بہت قدیم ہے۔ مولانا نے خود ایک مرتبہ مجھ سے فرمایا کہ پہلے پہل ان سے ملاقات ۱۹۰۶ء میں ہوئی تھی۔ گویا ایک کم

چالیس برس اس رشتہ اخلاص و محبت پر گزر چکے اور ایک قرن سے بھی زیادہ وقت کا امتداد اس کی تازگی اور شگفتگی کو افسردہ نہ کرسکا۔ دوستی و یگانگت کے ایسے ہی علاقے ہیں، جن کی نسبت کہا گیا تھا۔

تزول جبال الراميات و قلبهم
عن الحب لا يخلو و لا يتزلزل

البتہ یہ علاقہ محبت و اخلاص صرف علمی اور ادبی ذوق کے رشتہ اشتراک میں محدود ہے۔ سیاسی عقائد و اعمال سے اس کا کوئی تعلق نہیں۔ سیاسی میدان میں مولانا کی راہ دوسری ہے اور نواب صاحب اس سے رسم و راہ نہیں رکھتے۔

حضرت مولانا کی زندگی مختلف اور متضاد حیثیتوں میں بٹی ہوئی ہے۔ وہ ایک ہی زندگی اور ایک ہی وقت میں مصنف بھی ہیں، مقرر بھی ہیں، مفکر بھی ہیں، فلسفی بھی ہیں، ادیب بھی ہیں، مدبر بھی ہیں اور ساتھ ہی سیاسی جد وجہد کے میدان کے سپہ سالار بھی ہیں۔ دینی علوم کے تبحر کے ساتھ عقلیات اور فلسفے کا ذوق بہت کم جمع ہوتا ہے اور علم اور ادب کے ذوق نے ایک ہی دماغ میں بہت کم آشیانہ بنایا ہے۔ پھر علمی اور فکری زندگی کا میدان عملی سیاست کی جد وجہد سے اتنا دور واقع ہوا ہے کہ ایک ہی قدم

دونوں میدانوں مین بہت کم اُٹھ سکتے ہیں مگر مولانا آزاد کی زندگی ان تمام مختلف اور متضاد حیثیتوں کی جامع ہے گویا ان کی ایک زندگی میں بہت سے زندگیاں جمع ہو گئی ہیں۔

وہ اپنی ذات سے اک انجمن ہیں

اس صورت حال کا قدرتی نتیجہ یہ نکلا کہ علائق کا دائرہ کسی ایک گوشے ہی میں محدود نہیں رہا، علوم دینیہ کے حجروں کے زاویہ نشیں، ادب و شعر کی محفلوں کے بزم طراز، علم اور فلسفے کی کاوشوں کے دقیقہ سنج اور میدان سیاست کے تدبر اور معرکہ آرائیوں کے شہ سوار سب کے لیے ان کی شخصیت یکساں طور پر کشش رکھتی ہے اور سب اس مجمع فضل وکمال کے افادات سے بقدر طلب و حوصلہ مستفید ہوتے رہتے ہیں۔

تو نخلِ کوش ثمر کیستی کہ باغ وچمن

ہمہز خویش برید ند و در تو پیوستند

البتہ ان کے ارادت مندوں کا حلقہ جس قدر وسیع اور بین القومی ہے، اتنا ہی دوستوں کا دائرہ تنگ ہے۔

کسے کہ زود گسَل نیست، دیر پیوند ست

ایسے خوش قسمت اصحاب جنہیں مولانا اپنے "دوستوں" میں تصور کرتے ہوں خال خال ہیں اور صرف وہی ہیں جن سے علم و ذوق کے اشتراک اور رجحانِ طبیعت کی

مناسبت نے انہیں وابستہ کر دیا ہے۔ ایسے ہی خال خال حضرات میں ایک شخصیت نواب صدر یار جنگ کی ہے۔

نواب صاحب مسلمانانِ ہند کے گزشتہ دورِ علم و مجالس کی یادگار ہیں۔ آج سے تین چالیس (۴۰) برس پیشتر کا زمانہ، مولانا آزاد کی ابتدائی علمی زندگی کا زمانہ تھا۔ وہ اس وقت کے تمام اکابر و افاضل سے عمر میں بہت چھوٹے تھے۔ یعنی ان کی عمر سترہ اٹھارہ برس سے زیادہ نہ تھی لیکن اپنی غیر معمولی ذہانت اور محیر العقول علمی قابلیت کی وجہ سے سب کی نظروں میں محترم ہو گئے تھے اور معاصرانہ اور دوستانہ حیثیت سے ملتے تھے۔ نواب محسن الملک، نواب وقار الملک، خلیفہ محمد حسین (پٹیالہ) خواجہ الطاف حسین حالی، مولانا شبلی نعمانی، ڈاکٹر نذیر احمد، منشی ذکاء اللہ، حکیم محمد اجمل خاں وغیرہم، سب سے ان کے دوستانہ تعلقات تھے اور علمی اور ادبی صحبتیں رہا کرتی تھیں۔ اسی عہد کی صحبتوں میں نواب صدر یار جنگ سے بھی ان کی شناسائی ہوئی اور پھر شناسائی نے عمر بھر کی دوستی کی نوعیت پیدا کر لی۔ مولانا اس رشتے کو خصوصیت کے ساتھ عزیز رکھتے ہیں کیونکہ یہ اس عہد کی یادگار ہے جو بہت تیزی کے ساتھ گزر گیا اور ملک کی مجلسیں قدیم صورتوں اور صحبتوں سے یک قلم خالی ہو گئیں۔

مولانا کی سیاسی زندگی کے طوفانی حوادث ان کی تمام دوسری حیثیتوں پر چھا گئے ہیں لیکن خود مولانا نے اپنی سیاسی زندگی کو اپنے علمی اور ادبی علائق سے بالکل الگ تھلگ رکھا ہے۔ جن دوستوں سے ان کا علاقہ محض علم و ادب کے ذوق کا علاقہ ہے، وہ ان کے علائق کو سیاسی زندگی سے ہمیشہ الگ رکھتے ہیں اور اس طرح الگ رکھتے ہیں کہ سیاسی زندگی کی پرچھائیں بھی اُس پر نہیں پڑ سکتی۔ وہ جب کبھی ان دوستوں سے ملیں گے یا خط و کتابت کریں گے تو اس میں سیاسی افکار و اعمال کا کوئی ذکر نہ ہو گا۔ ایک بے خبر آدمی اگر اس وقت کی باتوں کو سنے تو خیال کرے، اس شخص کو سیاسی دُنیا سے دُور کا علاقہ بھی نہیں ہے اور علم و ادب کے سوا اور کسی ذوق سے آشنا نہیں۔ ایک مرتبہ اس معاملے کا خود مولانا سے ذکر ہوا تو فرمانے لگے جس شخص سے میرا تعلق جس حیثیت سے ہے، میں ہمیشہ اسے اسی حیثیت میں محدود رکھنا چاہتا ہوں۔ میں نہیں چاہتا کہ دوسری حیثیتوں سے اسے آلودہ کروں۔ چنانچہ نہ تو کبھی وہ اِن دوستوں سے اس کی توقع رکھتے ہیں کہ ان کی سیاسی زندگی کے آلام و مصائب میں شریک ہوں۔ نہ کبھی اس کے خواہشمند ہوتے ہیں کہ ان کے سیاسی افکار و اعمال سے اتفاق کریں۔ سیاسی معاملے میں وہ ہر شخص کو خود اس کی پسند اور خواہش پر چھوڑ دیتے ہیں۔ آپ ان سے کسی علمی مذہبی اور ادبی تعلق سے برسوں ملتے رہیے۔ وہ کبھی بھولے سے بھی

سیاسی معاملات کا آپ سے ذکر نہیں کریں گے۔ ایسا معلوم ہوگا، جیسے اس عالم کی انہیں کوئی خبر ہی نہیں۔

بسا اوقات ایسا معلوم ہوتا ہے کہ ان کی زندگی سیاسی میدانوں کے طوفانی حوادث سے گھری ہوتی ہے۔ کچھ معلوم نہیں ہوتا کہ ایک دن یا ایک گھنٹے کے بعد کیا حوادث پیش آئیں گے۔ ممکن ہے کہ قید و بند کا مرحلہ پیش آ جائے۔ بہت ممکن ہے کہ جلا وطنی یا اس سے بھی زیادہ کوئی خطرناک صورتِ حال ہو لیکن اچانک، عین اسی عالم میں کسی ہم ذوق دوست کی یاد ان کے سامنے آ کھڑی ہوتی ہے اور وہ تھوڑی دیر کے لیے اپنے سارے گرد و پیش سے یک قلم کنارہ کش ہو کر اس کی جانب ہمہ تن متوجہ ہو جاتے ہیں اور اس استغراق اور انہماک کے ساتھ متوجہ ہوتے ہیں گویا ان کی زندگی پر کسی خطرناک سے خطرناک حادثے کا سایہ بھی نہیں پڑا ہے۔ وہ اس وقت اپنی یکساں اور بے کیف سیاسی مشغولیت کا مزہ بدلنے کے لیے کوئی ایسا موضوع چھیڑ دیں گے جو سیاسی زندگی کے میدانوں سے ہزاروں کوس دُور ہوگا۔ علم و فن کا کوئی مبحث، فلسفیانہ غور و فکر کی کوئی کاوش، طبیعات کا کوئی نیا نظریہ، تصور و اشتراق کا کوئی واردہ یا پھر ادب و انشاء کی سخن طرازی اور شعر و سخن کی بزم آرائی، غرض کہ سیاست کے سوا ہر ذوق کی وہاں

گنجائش ہوگی، ہر وادی کی وہاں پیمائش کی جا سکے گی۔ اس وقت کوئی انہیں دیکھے تو صاف دکھائی دے کہ زبان حال سے خوجہ حافظ کا یہ شعر دُہرا رہے ہیں :

کمندِ صیدِ بہرامی بیفگن، جامِ مے بردار

کہ من پیمودم ایں صحرا، نہ بہرام ست نے گورش

مولانا اس صورت حال کو" تحمیض" سے تعبیر کیا کرتے ہیں۔ " تحمیض" عربی میں مُنہ کا مزہ بدلنے کے معنی میں بولا جاتا ہے۔ "حموضوا مجالسکم" یعنی اپنی مجلسوں کا مزہ بدلتے رہو وہ کہتے ہیں اگر گاہ گاہ میں اس تحمیض کا موقع نہ نکالتا رہوں تو میرا دماغ بے کیف اور خشک مشغولیتوں کے بارِ مسلسل سے تھک کر معطل ہو جائے۔ اس طرح کی " تحمیض" میرے لیے ذہنی عیش و نشاط کا سامان بہم کر دیا کرتی ہے اور دماغ از سر نو تازہ دم ہو جاتا ہے۔ کبھی کبھی ایسا بھی ہوتا ہے کہ عین سیاسی طوفانوں کے موسم میں کوئی ہم ذوق دوست آ نکلتا ہے اور انہیں موقع مل جاتا ہے کہ قلم و تخیل کی جگہ صحبت و مجالست کے ذریعہ اپنی مشغولیت کا ذائقہ بدلیں۔ وہ معاً اپنے گرد و پیش کی دنیا سے باہر نکل آئیں گے اور ایک انقلابی تحول کے ساتھ اپنے آپ کو ایک دوسرے ہی عالم میں پہنچا دیں گے۔ وہ فوراً اپنے خادمِ خاص عبد اللہ کو پکاریں گے کہ چائے لاؤ۔ یہ گویا اس کا اعلان ہو گا کہ ان کے ذوق و کیف کا خاص وقت آ گیا۔ پھر شعر و سخن کی صحبت

شروع ہو جائے گی، علم و ادب کا مذاکرہ ہونے لگے گا اور اعلیٰ درجہ کی چینی چائے "وہائٹ جسامن" کے چھوٹے چھوٹے فنجانوں کا دور چلنے لگے گا کہ :

اصلِ کارگہِ کون و مکاں ایں ہمہ نیست
بادہ پیش آر کہ اسباب جہاں ایں ہمہ نیست

انہیں اپنی طبیعت کے انفعالات پر غالب آنے اور اپنے آپ کو اچانک بدل لینے کی جو غیر معمولی قدرت حاصل ہو گئی ہے وہ فی الحقیقت ایک حیرت انگیز بات ہے۔ اس کا اندازہ صرف وہی لوگ کر سکتے ہیں جنہیں خود اپنی آنکھوں سے اس انقلابی تحول کو دیکھنے کا موقع ملا ہو۔ مجھے آٹھ برس سے یہ موقع حاصل ہے۔

نواب صدر یار جنگ ایک خاندانی رئیس ہیں۔ ملک کے سیاسی معاملات میں ان کا طرزِ عمل وہی رہتا آیا ہے جو عموماً ملک کے طبقہ رؤسا کا ہے۔ یعنی سیاسی کش مکش کے میدانوں سے علیحٰدگی اور اپنے گوشہ سکون و جمعیت پر قناعت۔ برخلاف اس کے مولانا کی پوری زندگی سیاسی جد وجہد کی جنگ آزمائی اور معرکہ آرائی کی زندگی ہے لیکن صورتِ حال کا یہ اختلاف بلکہ تضاد، ایک لمحے کے لیے بھی ان کے باہمی علائق کی یگانگت و یک جہتی پر اثر نہیں ڈال سکتا۔ نہ کبھی مولانا سیاسی معاملات کی طرف کوئی اشارہ کریں گے، نہ کبھی نواب صاحب کی جانب سے کوئی ایسا تذکرہ درمیان آئے گا۔ دونوں کا

علاقہ ذاتی محبت و اخلاص اور ذوق علم و ادب کے اشتراک کا علاقہ ہے اور ہمیشہ اسی دائرے میں محدود رہتا ہے۔ چنانچہ قلعہ احمد نگر کے ایک مکتوب مورخہ ۲۹ اگست ۱۹۴۲ء میں وہ سیاسی حالات کی طرف اشارہ کرتے ہوئے لکھتے ہیں، "مجھے یہ قصہ یہاں نہیں چھیڑنا چاہیے۔ میری آپ کی مجلس آرائی افسانہ سرائی کے لیے نہیں ہوا کرتی

ازما بجز حکایتِ مہر و وفا مپرس

میری دکان سخن میں ایک ہی طرح کی جنس نہیں رہتی لیکن آپ کے لیے کچھ نکالتا ہوں تو احتیاط کی چھلنی میں اچھی طرح چھان لیا کرتا ہوں کہ کسی طرح کی سیاسی ملاوٹ باقی نہ رہے۔"

۱۵ جون ۱۹۴۵ء کو مولانا تین برس کی قید و بند کے بعد رہا ہوئے اور اس حالت میں رہا ہوئے کہ چوالیس پونڈ وزن کم ہو چکا تھا اور تندرستی جواب دے چکی تھی لیکن رہائی کے بعد ہی انہیں فوراً شملہ پہنچنا اور شملہ کانفرنس کی مشغولیتوں میں گم ہو جانا پڑا۔ اب وہ قلعہ احمد نگر اور بانکوڑا کے قید خانے کی جگہ وائسرائے گل لاج شملہ کے مہمان تھے لیکن یہاں بھی صبح چار بجے کی سحر خیزی اور خود مشغولی کے معمولات برابر جاری رہے۔ ایک دن صبح اچانک نواب صاحب کی یاد سامنے آ جاتی ہے اور وہ ایک شعر لکھ کر تین برس پیشتر کی خط و کتابت کا سلسلہ از سر نو تازہ کر دیتے ہیں۔ پھر تبدیلی آب و ہوا کے

لیے کشمیر جاتے ہیں اور تین ہفتے گلمرگ میں مقیم رہتے ہیں۔ گلمرگ سے سری نگر آتے ہیں اور ایک ہاؤس بوٹ میں مقیم ہو جاتے ہیں۔ یہ ہاؤس بوٹ نسیم باغ کے کنارے لگا دیا گیا تھا اور مولانا کی صُبحیں اسی کے ڈرائنگ روم میں بسر ہونے لگیں تھیں۔ یہاں پھر خط و کتابت کا سلسلہ جاری ہوتا ہے اور ۳ ستمبر ۱۹۴۵ء کو مولانا اپنے ایک مکتوب میں قلعہ احمد نگر کے حالات کی حکایت چھیڑ دیتے ہیں اور ان مکاتیب کی نگارش کے اسباب و محرکات کی تفصیلات لکھتے ہیں جو اس مجموعے میں جمع کیے گئے ہیں۔ چونکہ رہائی کے بعد کے مکاتیب کا یہ حصہ بھی ان مکاتیب سے مربوط ہو گیا ہے، اس لیے مولانا سے اجازت لے کر، میں نے انہیں بھی اس مجموعہ کی ابتداء میں شامل کر دیا ہے۔ رہائی کے بعد کے یہ مکاتیب اس مجموعے کے لیے دیباچے کا کام دیں گے۔

مولانا کو سینکڑوں خطوط لکھنے اور لکھوانے پڑتے ہیں اور ظاہر ہے کہ ان کی نقول نہیں رکھی جا سکتیں لیکن افسوس ہے کہ انہوں نے اپنے خاص علمی و ادبی مکاتیب کی نقول رکھنے کی بھی کبھی کوشش نہیں کی اور اس طرح سینکڑوں مکاتیب ضائع ہو گئے۔

۱۹۴۰ء میں، میں نے مولانا سے درخواست کی کہ جو خاص مکاتیب وہ دوستانِ خاص کو لکھا کرتے ہیں ان کی نقول رکھنے کی مجھے اجازت ملے۔ چنانچہ مولانا نے اجازت دے

دی اور اب ایسا ہونے لگا کہ جب کبھی مولانا کوئی مکتوب خاص اپنے ذوق و کیف میں لکھتے، میں پہلے اس کی نقل کر لیتا، پھر ڈاک میں ڈالتا۔ نواب صاحب کے نام ۱۹۴۰ء، ۱۹۴۱ء اور ۱۹۴۲ء میں جس قدر خطوط لکھے گئے، سب کی نقول میں نے رکھ لی تھیں اور میرے پاس موجود ہیں۔ چنانچہ اسی بناء پر رہائی کے بعد مولانا نے قلعہ احمد نگر کے مکاتیب میرے حوالے کیے کہ حسب معمول ان کی نقول رکھ لو اور اصل نواب صاحب کی خدمت میں بیک دفعہ بھیج دوں لیکن میں نے جب ان کا مطالعہ کیا تو خیال ہوا کہ ان تحریرات کا محض نج کے خطوط کی شکل میں رہنا اور شائع نہ ہونا اردو ادب کی بہت بڑی محرومی اور اربابِ ذوق کی ناقابلِ تلافی حرمانی ہوگی۔ مولانا اس وقت شملہ میں تھے۔ میں نے بہ اصرار ان کے درخواست کی کہ ان مکاتیب کو ایک مجموعے کی شکل میں شائع کرنے کی اجازت دے دیں۔ مجھے یقین ہے کہ ملک کے تمام اربابِ ذوق و نظر اس واقعے کے شکر گزار ہوں گے کہ مولانا نے اشاعت کی اجازت دے دی اور اس طرح میں اس قابل ہوگیا کہ یہ مجموعہ دیدہ ورانِ علم و ادب کی ضیافتِ ذوق کے لیے پیش کروں۔

۱۹۴۲ء میں گرفتاری سے پہلے مولانا لاہور گئے تھے۔ وہاں انفلوئنزا کی شکایت لاحق ہو گئی تھی۔ اسی حالت میں کلکتہ آئے اور صرف تین دن ٹھہر کر ۲ اگست کو آل انڈیا

کانگریس کمیٹی کی صدارت کرنے کے لیے بمبئی روانہ ہو گئے۔ بمبئی جاتے ہوئے ریل میں انہوں نے ایک مکتوب نواب صاحب کے نام لکھ کر رکھ لیا تھا کہ بمبئی پہنچ کر مجھے دے دیں گے۔ میں حسب معمول اس کی نقل رکھ کر اصل ڈاک میں ڈال دون گا لیکن بمبئی پہنچنے کے بعد وہ اپنی مصروفیتوں میں غرق ہو گئے اور مکتوبِ سفر ان کے اٹاچی کیس میں پڑا رہ گیا۔ یہاں تک کہ ۹ اگست کی صبح کو وہ گرفتار ہو گئے۔ چونکہ قلعہ احمد نگر کے پہلے مکتوب میں اس خط کا ذکر آیا ہے، اس لیے مناسب معلوم ہوا کہ اسے بھی ابتدا میں شامل کر دیا جائے چنانچہ وہ شامل کر دیا گیا ہے۔

میں نے ارادہ کیا تھا کہ مولانا کے اسلوبِ نگارش (سٹائل) کی نسبت اپنے تاثرات کے اظہار کی جرات کروں گا لیکن جب اس ارادے کو عمل میں لانے کے لیے تیار ہوا تو معلوم ہوا کہ خاموشی کے سوا چارہ کار نہیں کیونکہ جتنا کچھ اور جیسا کچھ لکھنا چاہیے، اس کی یہاں گنجائش نہیں اور جس قدر لکھنے کی گنجائش ہے، وہ اظہار تاثرات کے لیے کافی نہیں۔ صرف اتنا اشارہ کر دینا چاہتا ہوں کہ فرانسیسی ادبیات میں ادب کی جس نوعیت کو "ادبِ اعلیٰ" کے نام سے تعبیر کیا گیا ہے۔ اگر اردو ادب میں اس کی کوئی مثال ہمیں مل سکتی ہے تو وہ صرف مولانا کی ادبیات ہیں۔

مولانا نے اپنے اسلوب نگارش کے مختلف ڈھنگ رکھے ہیں۔ کیونکہ ہر موضوع ایک خاص طرح کا اسلوب چاہتا ہے اور اسی اسلوب میں اس کا رنگ ابھر سکتا ہے۔ دینی مباحث کے لیے جو اسلوبِ تحریر موزوں ہوگا، تاریخ کے لیے موزوں نہ ہوگا۔ تاریخی مباحث جس طرزِ کتابت کے متقاضی ہوتے ہیں ضروری نہیں کہ ادبی نگارشات کے لیے بھی وہ موزوں ہو۔ عام حالت یہ ہے کہ ہر شخص ایک خاص طرح کا اسلوب تحریر اختیار کرلیتا ہے اور پھر جو کچھ لکھتا ہے، اسی رنگ میں لکھتا ہے لیکن مولانا کی خصوصیت یہ ہے کہ انہوں نے اپنے علم و ذوق کے تنوع کی طرح اپنا اسلوب تحریر بھی مختلف قسموں کا رکھا ہے۔ عام دینی اور علمی مطالب کو وہ ایک خاص طرح کے اسلوب میں لکھتے ہیں۔ صحافت نگاری کے لیے انہوں نے ایک دوسرا اسلوب اختیار کیا ہے اور خالص ادبی انشاء پردازی کے لیے ان دونوں سے الگ طریق نگارش ہے۔

جس زمانے میں "الہلال" نکلا کرتا تھا تو اس میں کبھی کبھی وہ خالص ادبی قسم کی چیزیں بھی لکھا کرتے تھے۔ ان تحریروں میں انہوں نے ایک ایسا مجتہدانہ اسلوب اختیار کیا تھا جس کی کوئی دوسری مثال لوگوں کے سامنے موجود نہ تھی۔ اس اسلوب کے لیے اگر کوئی تعبیر اختیار کی جا سکتی ہے تو وہ صرف "شعرِ منثور" کی ہے یعنی وہ نثر میں شاعری کیا

کرتے تھے۔ ان کی تحریر از سر تا پا شعر ہوتی تھی۔ صرف ایک چیز اس میں نہیں ہوتی تھی یعنی وزن اور اس لیے اسے نظم کی جگہ نثر کہنا پڑتا تھا۔

اس طرز تحریر کا ایک خاص طریقہ یہ تھا کہ وہ اپنی نثر کی شاعری کو شعرا کی نظم کی شاعری سے مخلوط و مربوط کر کے ترتیب دیتے تھے اور یہ اختلاط اور ارتباط اس طرح وجود میں آتا تھا کہ اشعار صرف مطالب کی مناسب ہی سے نہیں آتے بلکہ بجائے خود مطالب کا ایک جز بن جاتے تھے۔ ایسا جز کہ اگر اسے الگ کر دیجیے تو خود نفسِ مطلب کا ایک ضروری اور لاینفک جز الگ ہو جائے۔ اکثر حالتوں میں مطالب کا سلسلہ اس طرح پھیلتا تھا کہ پورا مضمون نثر کے چھوٹے چھوٹے پیراگرافوں سے مرکب ہوتا اور ہر پیراگراف کسی ایک شعر پر ختم ہوتا۔ یہ شعر نثر کے مطلب سے ٹھیک اسی طرح جڑا اور بندھا ہوا ہوتا جس طرح ایک ترکیب بند کا ہر ٹیپ کے کسی شعر سے وابستہ ہوتا ہے اور وہ شعر بند کا ایک ضروری جز بن جاتا ہے۔

لوگ نثر میں اشعار لاتے ہیں تو عموماً اس طرح لاتے ہیں کہ کسی جزئی مناسبت سے کوئی شعر یاد آگیا اور کسی خاص محل میں درج کر دیا گیا لیکن مولانا اس قسم کی تحریرات میں جو شعر درج کریں گے، اس کی مناسبت محض جزئی مناسبت نہ ہوگی، بلکہ مضمون کا ایک ٹکڑا بن جائے گا۔ گویا خاص اسی محل کے لیے شاعر نے یہ شعر کہا ہے اور مطلب کا

تقاضا پورا کرنے اور ادھوری بات کو مکمل کر دینے کے لیے اس کے بغیر چارہ نہیں اس طرزِ تحریر پر وہی شخص قادر ہو سکتا ہے جو کامل درجے کا شاعرانہ فکر رکھنے کے ساتھ ساتھ، اساتذہ کے لیے بے شمار اشعار بھی اپنے حافظہ میں محفوظ رکھتا ہو اور مطالب کی ہر قسم اور ہر نوعیت کے لیے جس طرح کے اشعار بھی مطلوب ہوں، فوراً حافظہ سے نکال لے سکتا ہو۔ پھر ساتھ ہی اس کا ذوق بھی اس درجہ سلیم اور بے داغ ہو کہ صرف اعلیٰ درجے کے اشعار ہی قبول کرے اور حسنِ انتخاب کا معیار کسی حال میں بھی درجہ سے نہ گرے۔ اس اعتبار سے مولانا کے حافظے کا جو حال ہے، وہ ہم سب کو معلوم ہے۔ قدرت نے انہیں جو خصائص بخشے ہیں، شاید ان سب میں حافظے کی نعمتِ لا زوال سب سے بڑی نعمت ہے۔ عربی، فارسی اور اردو کے کتنے اشعار ان کے حافظے میں محفوظ ہوں گے؟ یہ کسی کو معلوم نہیں۔ غالباً خود انہیں بھی معلوم نہیں لیکن جوں ہی وہ قلم اٹھاتے ہیں اور مطالب کی مناسبتیں ابھرنے لگتی ہیں معاً ان کے حافظے کے بند کواڑ کھلنے شروع ہو جاتے ہیں اور پھر ایسا معلوم ہوتا ہے کہ ہر قسم اور ہر نوعیت کے سینکڑوں شعر پرّا باندھے سامنے کھڑے ہیں۔ جس شعر کی جس جگہ ضرورت ہوئی، فوراً اسے نکالا اور انگوٹھی کے نگینے کی طرح مضمون میں جڑ دیا۔

عام علمی اور دینی مباحث کی تحریرات میں مولانا بہت کم اشعار لایا کرتے ہیں۔ صفحوں کے صفحے لکھ جائیں گے اور ایک شعر بھی نہیں آئے گا لیکن اس خاص اسلوبِ تحریر میں وہ اس کثرت کے ساتھ اشعار سے کام لیتے ہیں کہ ہر دوسری تیسری سطر کے بعد ایک شعر ضرور آ جاتا ہے اور مطلب کے حسن و دل آویزی کا ایک نیا پیکر نمایاں کر دیتا ہے۔

قلعہ احمد نگر کے اکثر مکاتیب اسی طرزِ تحریر میں لکھے گئے ہیں، انہوں نے نثر میں شاعری کی ہے اور جس مطلب کو ادا کیا ہے، اس طرح کیا ہے کہ جدّتِ فکر، نقش آرائی کر رہی ہے اور وُسعتِ تخیل رنگ و روغن بھر رہی ہے۔ اجتہادِ فکر اور تجدید اسلوب مولانا کی عام اور ہمہ گیر خصوصیت ہے۔ قلم اور زبان کے ہر گوشے میں، وہ طرزِ عام سے اپنی روش الگ رکھیں گے اور الفاظ و تراکیب سے لے کر مطالب اور ادائے مطالب کے طرز تک ہر بات میں تقلیدِ عام سے گریزاں اور اپنے مجتہدانہ انداز میں بے میل اور بے لچک نظر آئیں گے۔ انہوں نے جس وقت سے قلم سنبھالا ہے ہمیشہ پیش رو اور صاحبِ اسلوب رہے ہیں۔ کبھی یہ گوارہ نہیں کیا کہ کسی دوسرے پیش رو کے نقشِ قدم پر چلیں چنانچہ ان مکاتیب میں بھی ان کا مجتہدانہ انداز ہر جگہ نمایاں ہے۔ بغیر کسی اہتمام اور کاوش کے قلم برداشتہ لکھتے گئے ہیں۔ لیکن قدرتِ

بیان ہے جو بے ساختگی میں بھی ابھری چلی آتی ہے اور کاوشِ فکر ہے جو آمد میں بھی آورد سے زیادہ بنتی اور سنورتی رہتی ہے۔

ظرافت ہے تو وہ اپنی بے داغ لطافت رکھتی ہے، واقعہ نگاری ہے تو اس کی نقش آرائی کا جواب نہیں۔ فکر کا پیمانہ ہر جگہ بلند اور نظر کا معیار ہر جگہ ارجمند ہے۔

ان مکاتیب پر نظر ڈالتے ہوئے سب سے زیادہ اہم چیز جو سامنے آتی ہے، وہ مولانا کا دماغی پس منظر (بیک گراؤنڈ) ہے۔ اسی پسِ منظر پر افکار و احساسات کی تمام جلوہ طرازیوں نے اپنی جگہ بنائی ہے۔ ایک شخص ۹ اگست کو صبح بستر سے اٹھا تو اچانک اسے معلوم ہوا کہ وہ گرفتار شدہ قیدی ہے اور کسی لا معلوم مقام پر لے جایا جا رہا ہے۔ پھر ایک ایسی شدید فوجی نگرانی کے اندر جس کی کوئی پچھلی مثال ہندوستان کی سیاسی جد و جہد کی تاریخ میں موجود نہیں اسے قلعہ احمد نگر کی ایک عمارت میں بند کر دیا جاتا ہے اور دنیا سے تمام علائق یک قلم منقطع ہو جاتے ہیں۔ وہ اس حادثہ کے چوبیس گھنٹے بعد دوسری صبح کو اٹھتا ہے اور قلم اٹھا کر خامہ فرسائی شروع کر دیتا ہے۔ پھر اس کے بعد ہر دوسرے تیسرے دن حالات کی تحریک، خیالات میں جنبش پیدا کرتی رہتی ہے اور جو کچھ دماغ میں ابھرتا ہے، بے روک نوکِ قلم کے حوالے ہو جاتا ہے۔ دیکھنا یہ ہے کہ ایسے حوصلہ فرسا حالات میں ان کا دماغی پس منظر کیا تھا اور وقت کے تمام

مخالفانہ حالات کو کس نظر اور کس مقام سے دیکھ رہا تھا؟ یہی دماغی پس منظر ہے. جس کی نوعیت سے ہر عظیم شخصیت کی عظمت کا اصل مقام دنیا کے آگے نمایاں ہوتا ہے، یہی کسوٹی ہے. جس پر ہر انسانی عظمت کسی جا سکتی ہے اور یہی معیار ہے جو ہر انسان کی عظمت و پستی کا فیصلہ کر دیتا ہے۔

ان مکاتیب میں مولانا نے خود کوشش کی ہے کہ اپنا دماغی پس منظر دنیا کے آگے رکھ دیں اور اسی لیے یہ غیر ضروری ہو گیا ہے کہ اس بارے میں بحث و نظر سے کام لیا جائے۔ میں صرف معاملے کے اس پہلو پر اہلِ نظر کی توجہ دلانا چاہتا ہوں، میں خود کچھ کہنا نہیں چاہتا۔

گزشتہ جولائی میں جونہی ان مکاتیب کی اشاعت کا اعلان ہوا، ملک کے ہر گوشے سے تقاضے ہونے لگے کہ ان کے ترجمے کا بھی سر و سامان ہونا چاہیے۔ کلکتہ، بمبئی، دہلی، الہ آباد، کانپور اور پٹنہ کے پبلشروں کا تقاضا تھا کہ انگریزی، ہندی، گجراتی، بنگالی، تامل وغیرہ زبانوں میں ان کے ترجمے کی اجازت دے دی جائے۔ میں نے یہ تمام درخواستیں مولانا کی خدمت میں پیش کر دیں لیکن انہوں نے ترجمے کی اجازت نہیں دی۔ انہوں نے فرمایا کہ چند مکاتیب کے سوا یہ تمام مکاتیب ایک ایسے اسلوب میں لکھے گئے ہیں کہ ان کا کسی دوسری زبان میں صحت و ذوق و معیار کے ساتھ ترجمہ ہو ہی

نہیں سکتا۔ اگر کیا جائے گا تو اصل کی ساری خصوصیات مٹ جائیں گی۔ چنانچہ اس وقت تک ترجمے کی اجازت کسی فرم کو نہیں دی گئی ہے۔ مولانا نے جس خیال سے ترجمے کو روکا ہے مجھے یقین ہے کہ اس سے ہر صاحبِ نظر اتفاق کرے گا۔ یہ نثر میں شاعری ہے اور شاعری ترجمے کی چیز نہیں ہوتی۔ البتہ دو چار مکتوب جو بعض فلسفیانہ اور تاریخی مباحث پر لکھے گئے ہیں، ترجمہ کیے جاسکتے ہیں، انہیں مستثنیٰ کر دینا چاہیے۔

یہ تمام مکاتیب "صدیق مکرم" کے خطاب شروع ہوتے ہیں۔ یہ "صدیق" تشدید کے ساتھ "صدّیق" نہیں ہے۔ جیسا کہ بعض اشخاص پڑھنا چاہیں گے بلکہ بغیر تشدید کے ہے۔ "صداقہ" عربی میں دوستی کو کہتے ہیں۔ "صَدِیق" یعنی دوست۔

۱۱ اپریل ۱۹۴۳ء کے مکتوب کے آخر میں متمم بن نویرہ کے مرثیے کے اشعار نقل کیے گئے ہیں۔ یہ مرثیہ اس نے اپنے بھائی مالک کی یاد میں لکھا تھا:

لقد لا منی عند القبور علی البکا

رفیقی لتذ راف الدموع السّوافک

فقال اتبکی کل قبر رایتہ

لقبر ثوی بین اللوی فالد کادک

فقلت لہُ ان الشجا ببعت الشجا

فدعنی، فهٰذا کلہ قبر مالک

ان اشعار کے مطلب کا خلاصہ یہ ہے :

"میرے رفیق نے جب دیکھا کہ قبروں کو دیکھ کر میرے آنسو بہنے لگتے ہیں تو اس نے مجھے ملامت کی۔ اس نے کہا کہ یہ کیا بات ہے کہ اس ایک قبر کی وجہ سے جو ایک خاص مقام پر واقع ہے، تو ہر قبر کو دیکھ کر رونے لگتا ہے؟ میں نے کہا، بات یہ ہے کہ ایک غم کا منظر دوسرے غم کی یاد تازہ کر دیا کرتا ہے، لہٰذا مجھے رونے دے، میرے لیے تو یہ تمام قبریں مالک کی قبریں بن گئی ہیں!"

"حکایت بے ستون و کوہ کن" ایران کے قدیم آثار میں ایک اثر "بے ستون" کے نام سے مشہور ہے اور داستان سراؤں نے اسے فرہاد کوہ کن کی طرف منسوب کر دیا ہے مگر دراصل یہ "بے ستون" ہے۔ "بہ ستون" (بہستان یا باغستاں) ہے۔ فارسی قدیم میں "باغ" خدا یا دیوتا کو کہتے ہیں یعنی یہ مقام "خداؤں کی جگہ" ہے۔

محمد اجمل خاں

دیباچہ

میر عظمت اللہ بیخبر بلگرامی، مولوی غلام علی آزاد بلگرامی کے معاصر اور ہم وطن تھے اور جدّی رشتہ سے قرابت بھی رکھتے تھے۔ آزاد بلگرامی نے اپنے تذکروں میں جابجا ان کا ترجمہ لکھا ہے اور سراج الدین علی خاں آرزو اور آنند رام مخلص کی تحریرات میں بھی ان کا ذکر ملتا ہے۔ انہوں نے ایک مختصر سا رسالہ "غبارِ خاطر" کے نام سے لکھا تھا۔ میں یہ نام ان سے مستعار لیتا ہوں:

مُپرس تا چہ نوشت ست کلک قاصرِ ما
خطِ غبارِ من ست ایں غُبارِ خاطرِ ما

یہ تمام مکاتیب نج کے خطوط تھے اور اس خیال سے نہیں لکھے گئے تھے کہ شائع کیے جائیں گے۔ لیکن رہائی کے بعد جب مولوی محمد اجمل خاں صاحب کو ان کا علم ہوا تو مُصِر ہوئے کہ انھیں ایک مجموعہ کی شکل میں شائع کر دیا جائے۔ چونکہ ان کی طرح ان کی خاطر بھی مجھے عزیز ہے اس لیے ان مکاتیب کی اشاعت کا سر و سامان کر رہا ہوں۔ جس حالت میں یہ قلم برداشتہ لکھے ہوئے موجود تھے، اسی حالت میں طباعت کے لیے دے دیئے گئے ہیں۔ نظرِ ثانی کا موقع نہیں ملا۔

نسخۂ شوق بہ شیرازہ نہ گنجد زنہار

بگزارید کہ ایں نسخۂ مجزّا ماندا!

نیشنل ایئر لائن

(مابین کراچی۔ جودھپور)

۲ فروری ۱۹۴۶ء

ابوالکلام

خط نمبر ۱

رہائی کے بعد کے بعض مکاتیب نواب صدریار جنگ کے نام

شملہ

۲۷ جون ۱۹۴۵ء

اے غائب از نظر کہ شُدی ہم نشینِ دل
می بینمت عیاں و دعا می فرستمت

دل حکایتوں سے لبریز ہے مگر زبان درماندۂ فرصت کو یارائے سخن نہیں۔ مہلت کا منتظر ہوں۔

ابوالکلام

خط نمبر ۲

مولانا کا مکتوب سرینگر

ہاؤس بوٹ۔ سرینگر

۲۴ اگست ۱۸۴۵ء

گہے از دست، گاہے از دل، و گاہے زپا مانم

بہ سُرعت می روی اے عمر! مہ ترسم کہ دامانم

صدیق مکرم

زندگی کے بازار میں جنس مقاصد کی بہت سی جستجوئیں کی تھیں، لیکن اب ایک نئی متاع کی جستجو میں مبتلا ہو گیا ہوں یعنی اپنی کھوئی ہوئی تندرستی ڈھونڈ رہا ہوں۔ معالجوں نے وادیِ کشمیر کی گل گشتوں میں سراغرسانی کا مشورہ دیا تھا چنانچہ گزشتہ ماہ کے اواخر میں

گلمرگ پہنچا اور تین ہفتہ تک مقیم رہا۔ خیال تھا کہ یہاں کوئی سراغ پا سکوں گا، مگر ہر چند جستجو کی، متاعِ گم گشتہ کا کوئی سراغ نہ ملا۔

نکل گئی ہے وہ کوسوں دیارِ حرماں میں

آپ کو معلوم ہے کہ یہاں فیضی نے بھی کبھی بارِ عیش کھولا تھا:

ہزار قافلۂ شوق می کشد شبگیر،

کہ بارِ عیش کشاید بخطہ کشمیر

لیکن میرے حصے میں ناخوشی و علالت کا بار آیا۔ یہ بوجھ جس طرح کندھوں پر اُٹھائے آیا تھا، اُسی طرح اُٹھائے واپس جا رہا ہوں۔ خود زندگی بھی سر تا سر ایک بوجھ ہی ہے۔ خوشی سے اٹھائیں یا ناخوشی سے، مگر جب تک بوجھ سر پر پڑا ہے، اُٹھانا ہی پڑتا ہے۔

مازندہ ازانیم کہ آرام نہ گیریم!

گلمرگ سے سرینگر آگیا ہوں اور ایک بوٹ ہاؤس میں مقیم ہوں۔ کل گلمرگ روانہ ہو رہا تھا کہ ڈاک آئی اور اجمل خاں صاحب نے آپ کا مکتوبِ منظوم حوالہ کیا۔ کہہ نہیں سکتا کہ اس پیامِ محبت کو دلِ دردمند نے کن آنکھوں سے پڑھا اور کن کانوں سے سنا۔ میرا اور آپ کا معاملہ تو وہ ہو گیا ہے جو غالب نے کہا تھا:

باچوں توئی معاملہ، بر خویش منت ست
از شکوۂ تو شکر گزارِ خودیم ما!

آپ نے اپنے تین شعروں کا پیام دلنواز نہیں بھیجا ہے لطف و عنایت کا ایک پورا دفتر کھول دیا ہے:

قلیل منک یکفینی، ولاکن
قلیلک لایقال لہ، قلیل

ان سطور کو آیندہ خامہ فرسائیوں کی تمہید تصور کیجیے۔ رہائی کے بعد جو کہانی سنانی تھی وہ ابھی تک نوکِ قلم سے آشنا نہ ہو سکی۔

والسلام علیکم ورحمۃ اللہ وبرکاتہ

ابوالکلام

خط نمبر ۳

مکتوبِ نسیم باغ

نسیم باغ۔ سرینگر

۳ ستمبر ۱۹۴۵ء

ازما مپرس دردِ دل، ماکہ یک زباں
خودرا بحیلہ پیشِ تو خاموش کردہ ایم

صدیق مکرم

وہی صبح چار بجے کا جانفزا وقت ہے۔ ہاؤس بوٹ میں مقیم ہوں۔ داہنی طرف جھیل کی وسعت شالامار اور نشاط باغ تک پھیلی ہوئی ہے بائیں طرف نسیم باغ کے چناروں کی قطاریں دور تک چلی گئی ہیں۔ چائے پی رہا ہوں اور آپ کی یاد تازہ کر رہا ہوں۔

گرچہ دُوریم، بیادِ توقدح مہ نوشیم
بُعدِ منزل نہ بود در سفرِ روحانی

گرفتاری سے پہلے آخری خط جو آپ کے نام لکھ سکا تھا، وہ ۱۳ اگست ۱۹۴۲ء کی صبح کا تھا۔ کلکتہ سے بمبئی جا رہا تھا۔ ریل میں خط لکھ کر رکھ لیا کہ بمبئی پہنچ کر اجمل خاں صاحب کے حوالے کر دوں گا۔ وہ نقل کر کے آپ کو بھیج دیں گے۔ آپ کو یاد ہو گا کہ انہوں نے خطوط کی نقول رکھنے پر اصرار کیا تھا اور میں نے یہ طریقہ منظور کر لیا تھا لیکن بمبئی پہنچتے ہی کاموں کے ہجوم میں اس طرح کھویا گیا کہ اجمل خاں صاحب کو خط دینا بھول گیا۔

۹ اگست کی صبح کو جب مجھے گرفتار کر کے احمد نگر لے جا رہے تھے تو بعض کاغذات رکھنے کے لیے راہ میں اٹاچی کیس کھولا اور یکایک وہ خط سامنے آ گیا۔ اب دنیا سے تمام علاقے منقطع ہو چکے تھے۔ ممکن نہ تھا کہ کوئی خط ڈاک میں ڈالا جا سکے۔ میں نے اسے اٹاچی کیس سے نکال کر مسودات کی فائل میں رکھ دیا اور فائل کو صندوق میں بند کر دیا۔

دو بجے ہم احمد نگر پہنچے اور پندرہ منٹ کے بعد قلعہ کے اندر محبوس تھے۔ اب اس دنیا میں جو قلعہ سے باہر تھی اور اس دنیا میں جو قلعہ کے اندر تھی، برسوں کی مسافت حائل ہو گئی:

كيف الوصول الىٰ سعاد و دونها
قلل الجبال و بينهن حتوف

دوسرے دن یعنی ۱۰ اگست کو حسبِ معمول صبح تین بجے اُٹھا۔ چائے کا سامان سفر میں ساتھ رہتا ہے، وہاں بھی سامان کے ساتھ آگیا تھا۔ میں نے چائے دم دی۔ فنجان سامنے رکھا اور اپنے خیالات میں ڈوب گیا۔ خیالات مختلف میدانوں میں بھٹکنے لگے تھے، اچانک وہ خط جو ۳ اگست کو ریل میں لکھا تھا اور کاغذات میں پڑا تھا، یاد آگیا۔ بے اختیار جی چاہا کہ کچھ دیر آپ کی مخاطبت میں بسر کروں اور آپ سن رہے ہوں یا نہ سن رہے ہوں، مگر روئے سخن آپ ہی کی طرف رہے۔ چنانچہ اس عالم میں ایک مکتوب قلم بند ہو گیا اور اس کے بعد ہر دوسرے تیسرے دن مکتوبات قلم بند ہوتے رہے۔ آگے چل کر بعض دیگر احباب و اعزّہ کی یاد بھی سامنے آئی اور ان کی مخاطبت میں بھی گاہ گاہ طبع واماندۂ حال دراز نفسی کرتی رہی۔ قید خانہ سے باہر کی دنیا سے اب سارے رشتے کٹ چکے تھے اور مستقبل پردۂ غیب میں مستور تھا۔ کچھ معلوم نہ تھا کہ

یہ مکتوبات کبھی مکتوب الیہم تک پہنچ بھی سکیں گے یا نہیں۔ تاہم ذوق مخاطبت کی طلب گاریاں کچھ اس طرح دلِ مستمند پر چھا گئی تھیں کہ قلم اٹھا لیتا تھا تو پھر رکھنے کو جی نہیں چاہتا تھا۔ لوگوں نے نامہ بری کا کام بھی کبھی قاصد سے لیا، کبھی بال کبوتر سے، میرے حصے میں عنقا آیا:

ایں رسم وراہِ تازہ زحرمانِ عہدِ ماست
عنقا بروزگار کسے نامہ بر نہ بود

۱۰ اگست ۱۹۴۲ء سے مئی ۱۹۴۳ء تک ان مکتوبات کی نگارش کا سلسلہ جاری رہا لیکن اس کے بعد رک گیا کیونکہ ۱۹ اپریل ۱۹۴۳ء کے حادثہ کے بعد طبع درمانۂ حال بھی رُک گئی تھی اور اپنی واماندگیوں میں گم تھی۔ اگرچہ اس کے بعد بھی بعض مصنفات کی تسوید و ترتیب کا کام بدستور جاری رہا اور قلعہ احمد نگر کی اور تمام معمولات بھی بغیر کسی تغیر کے جاری رہیں، تاہم یہ حقیقت حال چھپانی نہیں چاہتا کہ قرار و سکون کی یہ جو نمائش تھی، جسم و صورت کی تھی، قلب و باطن کی نہ تھی۔ جسم کو میں نے ملنے سے بچا لیا تھا مگر دل کو نہیں بچا سکا تھا:

دلِ دیوانہ دارم کہ در صحرا است پنداری

اس کے بعد بھی گاہ گاہ حالات کی تحریک کام کرتی رہی اور رشتہ فکر کی گرہیں کھلتی رہیں، مگر اب سلسلہ کتابت کی وہ تیز رفتاری مفقود ہو چکی تھی جس نے اوائلِ حال میں طبیعت کا ساتھ دیا تھا۔ اپریل ۱۹۴۵ میں جب احمد نگر سے بانکوڑا میں قید تبدیل کی کر دی گئی تو طبیعت کی آمادگیوں نے آخری جواب دے دیا۔ اب صرف بعض مصنفات کی تکمیل کا کام جاری رکھا جا سکا اور کسی تحریر و تسوید کے لیے طبیعت مستعد نہ ہوئی۔ آخری مکتوب جو بعض سیاسی مسائل کی نسبت ایک عزیز کے نام قلم بند ہوا ہے ۳ مارچ ۱۹۴۵ کا ہے۔ اس مکتوب پر یہ داستانِ بے ستون و کوہکن ختم ہو جاتی ہے، اگرچہ زندگی کی داستان ابھی تک ختم نہیں ہوئی ہے:

شمہ از داستانِ عشقِ شورانگیزِ ماست

ایں حکایتہا کہ از فرہاد و شیریں کردہ اند

غور کیجیے تو انسان کی زندگی اور اس کے احساسات کا بھی کچھ عجیب حال ہے۔ تین برس کی مدت ہو یا تین دن کی، مگر جب گزرنے پر آتی ہے تو گزر ہی جاتی ہے۔ گزرنے سے پہلے سوچیے تو حیرانی ہوتی ہے کہ یہ پہاڑ سی مدت کیونکر کٹے گی؟ گزرنے کے بعد سوچیے تو تعجب ہوتا ہے کہ جو کچھ گزر چکا، وہ چند لمحوں سے زیادہ نہ تھا۔

رہائی کے بعد جب کانگرس ورکنگ کمیٹی کی صدارت کے لیے ۲۱ جون کو کلکتہ سے بمبئی آیا اور اسی مکان اور اُسی کمرہ میں ٹھہرا جہاں تین برس پہلے اگست ۱۹۴۲ میں ٹھہرا تھا تو یقین کیجیے ایسا محسوس ہونے لگا تھا جیسے ۹ اگست اور اس کے بعد کا سارا ماجرا کل کی بات ہے اور یہ پورا زمانہ ایک صبح شام سے زیادہ نہ تھا۔ حیران تھا کہ جو کچھ گزر چکا، وہ خواب تھا، یا جو کچھ گزر رہا ہے یہ خواب ہے:

ہیں خواب میں ہنوز جو جاگے ہیں خواب میں

۱۵ جون کو جب بانکوڑا میں رہا ہوا، تو تمام مکتوبات نکالے اور ایک فائل میں بہ ترتیب تاریخ جمع کر دیئے۔ خیال تھا کہ انھیں حسب معمول نقل کرنے کے لیے دے دوں گا اور پھر اصل آپ کی خدمت میں بھیج دوں گا لیکن جب مولوی اجمل خاں صاحب کو ان کی موجودگی کا علم ہوا تو وہ بہت مُصِر ہوئے کہ انھیں بلا تاخیر اشاعت کے لیے دے دینا چاہیے۔ چنانچہ ایک خوشنویس کو شملہ میں بُلایا گیا اور پورا مجموعہ کتابت کے لیے دے دیا گیا۔ اب کتابت ہو رہی ہے اُمید ہے کہ عنقریب طباعت کے لیے پریس کے حوالے کر دیا جائے گا۔ اب میں اُن مکتوبات کو قلمی مکتوبات کی صورت میں نہیں بھیجوں گا۔ مطبوعہ مجموعے کی صورت میں پیش کروں گا۔

شملہ اخبار "مدینہ "بجنور کے ایڈیٹر صاحب آئے تھے۔ انہوں نے مولوی اجمل خان صاحب سے اس سلسلہ کے پہلے مکتوب کی نقل لے لی تھی۔ وہ اخبارات میں شائع ہو گیا ہے، شاید آپ کی نظر سے گزرا ہو۔ "صدیق مکرم" کے تخاطب سے آپ سمجھ گئے ہوں گے کہ رُوئے سخن آپ ہی کی طرف تھا:

چشم سوئے فلک و روئے سخن سُوئے تو بود

مکتوبات کے دو حصے کر دیئے ہیں: غیر سیاسی اور سیاسی۔ یہ مجموعہ صرف غیر سیاسی مکاتیب پر مشتمل ہے۔ اس کے تمام مکاتیب بلا استثنا آپ کے نام لکھے گئے ہیں۔

پرسوں دہلی کا قصد ہے، چونکہ امریکن فوج کے جنرل مقیم دہلی نے ازراہِ عمایت اپنے خاص ہوائی جہاز کے یہاں بھیجنے کا انتظام کر دیا ہے، اس لیے موٹر کار کے تکلیف دہ سفر سے بچ جاؤں گا اور اڑھائی گھنٹے میں دہلی پہنچ جاؤں گا۔ وہاں عید کی نماز پڑھ کر بمبئی کے لیے روانہ ہوا ہے ۱۰ سے ۲۴ تک بمبئی میں قیام رہے گا۔

ابوالکلام

خط نمبر ۴

۱۳ اگست ۱۹۴۲ء کا مکتوب سفر

جو ۹ اگست کی گرفتاری کی وجہ سے بھیجا نہ جا سکا اور جس کی طرف احمد نگر کے پہلے مکتوب میں اشارہ کیا گیا ہے۔

بمبئی میل (راہِ ناگپور)

۱۳ اگست ۱۹۴۲ء

صدیق مکرم

دہلی اور لاہور میں انفلوئنزا کی شدت نے بہت خستہ کر دیا تھا۔ ابھی تک اس کا اثر باقی ہے۔ سر کی گرانی کسی طرح کم ہونے پر نہیں آتی۔ حیران ہوں اس وبالِ دوش سے کیونکر سُبک دوش ہوں؟ دیکھیے "وبالِ دوش" کی ترکیب نے غالب کی یاد تازہ کر دی:

شوریدگی کے ہاتھ سے سر ہے وبالِ دوش

صحرا میں اے خُدا کوئی دیوار بھی نہیں

۲۹ جولائی کو اس وبال کے ساتھ کلکتہ واپس ہوا تھا۔ چار دن بھی نہیں گزرے کہ کل ۲ اگست کو بمبئی کے لیے نکلنا پڑا۔ جو وبال ساتھ لایا تھا اب پھر اپنے ساتھ واپس لیے جا رہا ہوں :

رو میں ہے رَخشِ عُمر، کہاں دیکھیے تھمے

نے ہاتھ باگ پر ہے، نہ پا ہے رکاب میں

مگر دیکھیے، صبح چار بجے کے وقتِ گرانمایہ کی کرشمہ سازیوں کا بھی کیا حال ہے؟ قیام کی حالت ہو یا سفر کی، ناخوشی کی کلفتیں ہوں یا دل آشوبی کی کاہشیں، جسم کی ناتوانیاں ہوں یا دل و دماغ کی افسردگیاں، کوئی حالت ہو لیکن اس وقت کی مسیحائیاں افتادگانِ بسترِ الم سے کبھی تغافل نہیں کر سکتیں :

فیضے عجبے یافتم از صبح بہ بینید،

ایں جادہ روشن رہِ میخانہ نہ باشد

میں ایک کُوپے میں سفر کر رہا ہوں۔ اِس میں چار کھڑکیاں ہیں، دو بند تھیں، دو کھُلی تھیں۔ میں نے صبح اُٹھتے ہی دو بند بھی کھول دیں۔ اب ریل کی رفتار جتنی گرم ہوتی جاتی ہے اُتنی ہی ہوا کے جھونکوں کی خنکی بھی بڑھتی جاتی ہے۔ جس بستر کرب پر ناخوشی (یہاں "ناخوشی" سے محض خوشی کی نفی مقصود نہیں ہے بلکہ فارسی کا "ناخوشی"

مقصود ہے۔ فارسی میں بیماری کو ناخوشی کہتے ہیں۔) کی کلفتوں نے گرا دیا تھا، اُسی پر نسیم صبح گاہی کی چارہ فرمائیوں نے اب اُٹھا کے بٹھا دیا ہے۔ شاید کسی ایسی ہی رات کی صبح ہوگی، جب خواجہ شیراز کی زبان سے بے اختیار نکل گیا تھا:

خوشش بادا نسیم صبح گاہی

کہ دردِ سب نشیناں را دوا کرد

ٹرین آج کل کے معمول کے مطابق بے وقت جا رہی ہے۔ جس منزل سے اس وقت تک گزر جانا تھا، ابھی تک اس کا کوئی سراغ دکھائی نہیں دیتا۔ سوچتا ہوں تو اس معاملہ خاص میں وقت کے معاملہ عام کی پوری تصویر نمایاں ہو رہی ہے:

کس نمی گویدم از منزلِ آخر خبرے

صد بیاباں بگوشت و دگرے در پیش است

رات ایک ایسی حالت میں کٹی جسے نہ تو اضطراب سے تعبیر کر سکتا ہوں، نہ سکون سے، آنکھ لگ جاتی تھی تو سکون تھا، کھل جاتی تھی تو اضطراب تھا۔ گویا ساری رات دو متضاد خوابوں کے دیکھنے میں بسر ہوگئی۔ ایک تعمیر کی نقش آرائی کرتا تھا، دوسرا تخریب کی برہم زنی:

بیداری میانِ دو خواب ست زندگی،

گرد تخیل دو سراب ست زندگی

از لطمہ دو موج حباب دمیدہ است

یعنی طلسم نقش بر آب ست زندگی

تین بج کر چند منٹ گزرے تھے کہ آنکھ کھل گئی۔ صبح کی چائے کے لیے سفر میں یہ معمول رہتا ہے کہ رات کو عبداللہ اسپرٹ کا چولہا اور پانی کی کیتلی، پانی بمقدار مطلوب سے بھری ہوئی ٹیبل پر رکھ دیتا ہے۔ چائے دانی اس کے پہلو میں جگہ پاتی ہے کہ بحکم "وضع الشیٔ فی محلہٖ" یہی اس کا محلِ صحیح ہونا چاہیے مگر فنجان اور شکر دانی کے لیے اُس کا قرب ضروری نہ ہوا کہ "وضع الشیٔ فی غیر محلہ" میں داخل ہو جاتا۔ اگر صبح رین بجے سے چار بجے کے اندر کوئی اسٹیشن آ جاتا ہے تو اکثر حالتوں میں عبداللہ آ کر چائے دم دے دیتا ہے نہیں آتا تو پھر خود مجھے ہی اپنے دستِ شوق کی کامجویانہ سرگرمیاں کام میں لانی پڑتی ہیں۔ "اکثر حالتوں" کی قید اس لیے لگانی پڑی کہ تمام کلیوں کہ کلیہ بھی مستثنیات سے خالی نہیں ہے۔ بعض حالتوں میں گاڑی اسٹیشن پر رُک بھی جاتی ہے مگر عبداللہ کی صورت نظر نہیں آتی۔ پھر جب نظر آتی ہے تو اس کی معذرتیں میری فکرِ کاوش آشنا کے لیے ایک دوسرا ہی مسئلہ پیدا کر دیتی ہیں۔ معلوم ہوتا ہے کہ نسیم صبح گاہی کا ایک ہی عمل دو مختلف طبیعتوں کے لیے دو متضاد نتیجوں کا باعث ہو جاتا ہے۔

اس کی آمد مجھے بیدار کر دیتی ہے عبد اللہ اور سُلا دیتی ہے ۔ الارم کی ٹائم پیس بھی اس کے سرہانے رہنے لگی پھر بھی نتائج کا اوسط تقریباً یکساں ہی رہا۔ معلوم نہیں آپ اس اشکال کا حل کیا تجویز کریں گے مگر مجھے شیخ شیراز کا بتلایا ہوا حل مل گیا ہے اور اس پر مطمئن ہو چکا ہوں :

باراں کہ در لطافتِ طبعش خلاف نیست

در باغ لالہ روید و در شور بوم خس

بہتر حال چائے کا سامان حسب معمول مُرتب اور آمادہ تھا۔ نہیں معلوم آج اسٹیشن کب آئے ؟ اور آئے بھی تو اس کا اطمینان کیونکر ہو کہ عبد اللہ کی آمد کا قاعدہ کلیہ آج ہی بحالت استثناء نمودار نہ ہو گا؟ میں نے دیا سلائی اٹھائی اور چولھا روشن کر دیا۔ اب چائے پی رہا ہوں اور آپ کی یاد تازہ کر رہا ہوں ۔ مقصود اس تمام دراز نفسی سے اس کے سوا کچھ نہیں کہ مخاطبت کے لیے تقریبِ سخن ہاتھ آئے :

نفسے بیادِ تو می زنم ، چہ عبارت و چہ معانیم

چائے بہت لطیف ہے۔ چین کی بہترین قسموں میں سے ہے۔ رنگ اس قدر ہلکا کہ واہمہ پر اس کی ہستی مشتبہ ہو جائے۔ گویا ابو نواس والی بات ہوئی کہ :

رق الزجاج و رقت الخمر

فتشابها، فتشا کل الامر

کیف اس قدر تُند کہ بلا مبالغہ اُس کا ہر فنجان قاآنی کے رطلِ گراں کی یاد تازہ کر دے :

ساقی بدہ رطلِ گراں ، زاں مے کہ دہقاں پرورد

شاید آپ کو معلوم نہیں کہ چائے کے باب میں میرے بعض اختیارات ہیں۔ میں نے چائے کی لطافت و شیرنی کو تمباکو کی تندی و تلخی سے ترکیب دے کر ایک کیفِ مرکب پیدا کرنے کی کوشش کی ہے۔ میں چائے کے پہلے گھونٹ کے ساتھ ہی متصلاً ایک سگریٹ بھی سُلگا لیا کرتا ہوں۔ پھر اس ترکیب خاص کا نقش عمل یوں جماتا ہوں کہ تھوڑے تھوڑے وقفے کے بعد چائے کا ایک گھونٹ لوں گا اور متصلاً سگریٹ کا بھی ایک کش لیتا رہوں گا۔ علمی اصطلاح میں اس صورت حال کو "علی سبیل التوالی والتعاقب" کہیے۔ اس طرح اس عمل کی ہر کڑی چائے کے ایک گھونٹ اور سگریٹ کے ایک کش کے باہم امتزاج سے بتدریج ڈھلتی جاتی ہے اور سلسلہ کار دراز ہوتا رہتا ہے۔ مقدار کے حسن تناسب کا انضباط ملاحظہ ہو کہ ادھر فنجان آخری جُرعہ سے خالی ہوا ادھر تمباکوئے آتش زدہ نے سگریٹ کے آخری خطِ کشید تک پہنچ کر دم لیا۔ کہا کہوں، ان دو اجزائے تند و لطیف کی آمیزش سے کیف و سرور کا کیسا معتدل مزاج ترکیب پذیر ہو گیا ہے۔ جی چاہتا ہے، فیضی کے الفاظ مستعار لُوں :

اعتدال معانی از من پرس
که مزاجِ سخن شناختہ ام

آپ کہیں گے، چائے کی عادت بجائے خود ایک علت تھی۔ اس پر مزید علت ہائے نافرجام کا اضافہ کیوں کیا جائے؟ اس طرح کے معاملات میں امتزاج و ترکیب کا طریقہ کام میں لانا، علتوں پر علتیں بڑھانا، گویا حکایت بادہ و تریاک کو تازہ کرنا ہے۔ میں تسلیم کروں گا کہ یہ تمام خود ساختہ عادتیں بلا شبہ زندگی کی تلخیوں میں داخل ہیں لیکن کیا کہوں جب کبھی معاملہ کے اس پہلو پر غور کیا، طبیعت اس پر مطمئن نہ ہو سکی کہ زندگی کو غلطیوں سے یکسر
معصوم بنا دیا جائے۔ ایسا معلوم ہوتا ہے کہ اس روزگارِ خراب میں زندگی کو زندگی بنائے رکھنے کے لیے کچھ نہ کچھ غلطیاں بھی ضرور کرنی چاہییں:

پیرِ ما گفت خطا در قلم صنع نہ رفت
آفریں بر نظرِ پاک خطا پوشش باد

غور کیجیے وہ زندگی ہی کیا ہوئی جس کے دامنِ خشک کو کوئی غلطی تر نہ کر سکے؟ وہ چال ہی کیا جو لڑکھڑاہٹ سے یکسر معصوم ہو؟

تو و قطعِ منازلہا، من و یک لغزش پائے

اور پھر اگر غور و فکر کا ایک قدم اور آگے بڑھائیے تو سارا معاملہ بالآخر وہی جا کر ختم ہو جائے گا جہاں کبھی عارف شیراز نے اسے دیکھا تھا:

بیا کہ رونق ایں کارخانہ کم نہ شود
ز زُہد ہم چو توئی یا بفسق ہم چو منی

اور اگر پُوچھیے کہ پھر کامرانی عمل کا معیار کیا ہوا۔ اگر یہ آلودگیاں راہ میں مخل نہ سمجھی گئیں تو اس کا جواب وہی ہے جو عرفاء طریق نے ہمیشہ دیا ہے:

ترکِ ہمہ گیر و آشنائے ہمہ باش

یعنی ترک و اختیار دونوں کا نقش عمل اس طرح ایک ساتھ بٹھائیے کہ آلودگیاں دامن تر کریں مگر دامن پکڑ نہ سکیں۔ اس راہ میں کانٹوں کا دامن سے الجھنا مخل نہیں ہوتا، دامن گیر ہونا مخل ہوتا ہے۔ کچھ ضروری نہیں کہ آپ اس ڈر سے ہمیشہ اپنا دامن سمیٹے رہیں کہ کہیں بھیگ نہ جائے۔ بھیگتا ہے تو بھیگنے دیجیے لیکن آپ کے دست و بازو میں یہ طاقت ضرور ہونی چاہیے کہ جب چاہا، اس طرح نچوڑ کے رکھ دیا کہ آلودگی کی ایک بوند بھی باقی نہ رہے۔

تر دامنی پہ شیخ ہماری نہ جائیو
دامن نچوڑ دیں تو فرشتے وضو کریں

یہاں کامرانی سود و زیاں کی کاوش میں نہیں ہے بلکہ سُود و زیاں سے آسودہ حال رہنے میں ہے۔ نہ تو تر دامنی کی گرانی محسوس کیجیئے نہ خشک دامنی کی سُبک سری، نہ آلودہ دامنی پر پریشان حالی ہو، نہ پاک دامنی پر سر گرانی:

ہم سمندر باش و ہم ماہی کہ در اقلیمِ عشق
روئے دریا سلسبیل و قعرِ دریا آتش ست

آپ کو ایک واقعہ سناؤں۔ شاید رشتہ سخن کی ایک گرہ اس سے کھل جائے۔ ۱۹۲۱ء میں جب مجھے گرفتار کیا گیا تو مجھے معلوم تھا کہ قید خانہ میں تمباکو کے استعمال کی اجازت نہیں۔ مکان سے جب چلنے لگا تو ٹیبل پر سگریٹ کیس دھرا تھا۔ عادت کے زیر اثر پہلے ہاتھ بڑھا کہ اسے جیب میں رکھ لوں، پھر صورتِ حال کا احساس ہوا تو رُک گیا لیکن پولیس کمشنر نے جو گرفتاری کا وارنٹ لے کر آیا تھا، بہ اصرار کہا کہ ضرور جیب میں رکھ لو۔ میں نے رکھ لیا۔ اس میں دس سگریٹ تھے۔ ایک کمشنر پولیس کے آفس میں پیا، دوسرا راستہ میں سلگایا، دو ساتھیوں کو پیش کیے۔ چھ باقی رہ گئے تھے کہ پریسیڈنسی جیل علی پور پہنچا۔ جیل کے دفتر سے جب اندر جانے لگا تو خیال ہوا اس جیب کے وبال سے سبک جیب ہو کر اندر قدم رکھوں تو بہتر ہے۔ میں نے کیس نکالا اور مع سگریٹوں کے جیلر کی نذر کر دیا اور پھر اس دن سے لے کر دو برس تک سگریٹ کے ذائقہ سے کام و

ذہن آشنا نہیں ہوا۔ ساتھیوں میں بڑی تعداد ایسے لوگوں کی تھی جن کے پاس سگریٹ کے ذخیرے موجود رہتے تھے اور قید خانہ کا احتساب عمداً چشم پوشی کرتا تھا۔ بعض شرب الیہود کی طریقہ کام میں لاتے تھے :

(اسلامی حکومتوں میں یہودی پوشیدہ شراب بناتے تھے اور بیچتے تھے، اس لیے پوشیدہ شراب پینے کے معنی میں "شرب الیہود" اک اصطلاح رائج ہوگئ۔)

شرب الیہود کرتے ہیں نصرانیوں میں ہم

بعضوں کی جراتِ رندانہ اس قید و بند کی متحمل نہیں ہو سکتی تھی۔ وہ :

ولا تسقنی سراً فقد امکن الجہر

(پورا شعر یہ ہے :

الا فاسقنی خمراً، و قل لی ہی الخمر

و لا لسقنی سراً فقداً مکن الجہر

"مجھے شراب پلا اور یہ کہہ کر پلا کہ یہ شراب ہے۔ مجھے چھپا کر نہ پلا کیونکہ اب کھل کر پینا ممکن ہوگیا ہے۔)

پر عمل کرتے تھے۔ مجھے یہ حال معلوم تھا مگر اپنی توبہ اضطرار پر کبھی پشیمان نہیں ہوا۔ کئی مرتبہ گھر سے سگریٹ کے ڈبے آئے اور میں نے دوسروں کے حوالے کر دیئے:

خوشم کہ توبہ من نرخِ بادہ ارزاں کرد

سر گزشت کا اصلی واقعہ اب سُنیے۔ جس دن علی الصباح مجھے رہا کیا گیا تو قید خانہ کے دفتر میں سپرنٹنڈنٹ نے اپنا سگریٹ کیس نکالا اور ازراہِ تواضع مجھے بھی پیش کیا۔ یقین کیجیے جس درجہ عزم کے ساتھ دو سال پہلے سگریٹ ترک کیا تھا اتنے ہی درجہ کی آمادگی کے ساتھ یہ پیش کش قبول بھی کرلی۔ نہ ترک میں دیر لگی تھی نہ اب اختیار میں جھجک ہوئی۔ نہ محرومی پر ماتم ہوا تھا، نہ حصول پر نشاط ہوا۔ ترک کی تلخ کامی نے جو مزہ دیا تھا وہی اب اختیار کی حلاوت میں محسوس ہونے لگا تھا:

حریف صافی و دُردی نہ خطا ایں جاست

تمیزِ ناخوش و خوش می کنی بلا ایں جاست

۱۹۲۱ء کے بعد پھر تین مرتبہ قید و بند کا مرحلہ پیش آیا لیکن ترک کی ضرورت پیش نہ آئی کیونکہ سگریٹ کے ڈبے میرے سامان میں ساتھ گئے۔ وہ دیکھے گئے، مگر روکے نہیں گئے۔ اگر روکے جاتے تو پھر ترک کر دیتا۔

اب قلم کی سیاہی جواب دینے لگی ہے اس لیے رُک جاتا ہوں :

قلم ایں جارسید و سَر بشکست !

ابوالکلام

خط نمبر ۵

داستان بے ستون و کوہ کن

قلعہ احمد نگر

۱۰ اگست ۱۹۴۲ء

ازساز و برگِ قافلہٴ بے خوداں مپرس

بے نالہ می رود جرسِ کاروانِ ما!

صدیق مکرم

کل صبح تک وسعت آباد بمبئی میں فرصتِ تنگ حوصلہ کی بے مایگی کا یہ حال تھا کہ ۳ اگست کا لکھا ہوا مکتوبِ سفر بھی اجمل خاں صاحب کے حوالہ نہ کرسکا کہ آپ کو بھی بھیج

دیں لیکن آج قلعہ احمد نگر کے حصارِ تنگ میں اس کے حوصلہ فراخ کی آسودگیاں دیکھیے کہ جی چاہتا ہے، دفتر کے دفتر سیاہ کر دوں :

وسعتے پیدا کُن اے صحرا کہ امشب در غمش

لشکرِ آہِ من از دل خیمہ بیروں می زند

نو مہینے ہوئے، ۴ دسمبر ۱۹۴۱ء کو نینی کے مرکزی قید خانہ کا دروازہ میرے لیے کھولا گیا تھا۔ کل ۹ اگست ۱۹۴۲ء کو سوا دو بجے قلعہ احمد نگر کے حصارِ کہنہ کا نیا پھاٹک میرے پیچھے بند کر دیا گیا۔ اس کارخانہ ہزار شیوہ و رنگ میں کتنے ہی دروازے کھولے جاتے ہیں تاکہ بند ہوں اور کتنے ہی بند کیے جاتے ہیں تاکہ کھلیں، نو ماہ کی مدت بظاہر کوئی بڑی مدت نہیں معلوم ہوتی :

دو کروٹیں ہیں عالم غفلت میں خواب کی!

لیکن سوچتا ہوں تو ایسا معلوم ہوتا ہے جیسے تاریخ کی ایک پوری داستان گزر چکی :

چوں صفحہ تمام شد، ورق بر گردد

نئی داستان جو شروع ہو رہی ہے، معلوم نہیں مستقبل اسے کب اور کس طرح ختم کرے گا :

فریب جہاں قصۂ روشن ست

بہ بیں تا چہ زاید، شب آبستن ست

۴ اگست کو بمبئی پہنچا تو انفلوئنزا کی حرارت اور سر کی گرانی کا اضمحلال بھی میرے ساتھ تھا۔ تاہم پہنچتے ہی کاموں میں مشغول ہو جانا پڑا۔ طبیعت کتنی ہی بے کیف ہو لیکن گوارا نہیں کرتی کہ اوقات کے مقرر نظام میں خلل پڑے۔ ۴ سے ۷ اگست تک ورکنگ کمیٹی٦ کے اجلاس ہوتے رہے۔ ۷ کی دوپہر سے آل انڈیا کمیٹی شروع ہوئی۔ معاملات کی رفتار ایسی تھی کہ کاروائی تین دن تک پھیل سکتی تھی اور مقامی کمیٹی نے تین ہی دن کا انتظام بھی کیا تھا لیکن میں نے کوشش کی کہ دو دن سے زیادہ بڑھنے نہ پائے۔ ۸ کو دو بجے سے رات کے گیارہ بجے تک بیٹھنا پڑا لیکن کاروائی ختم کر کے اُٹھا:

کام تھے عشق میں بہت، پر میر

ہم ہی فارغ ہوئے شتابی سے

تھکا ماندہ قیام گاہ پر پہنچا تو صاحب مکان کو منتظر اور کسی قدر متفکر پایا۔ یہ صاحب کچھ عرصہ سے بیمار ہیں اور ایک طرح کی دماغی الجھن میں مُبتلا رہتے ہیں۔ میں ان سے وقت کے مُعاملات کا تذکرہ بچا جاتا تھا تاکہ ان کی دماغی الجھن اور زیادہ نہ بڑھ جائے۔ وہ ورکنگ کمیٹی کی ممبری سے بھی مستعفی ہو چکے ہیں اور اگرچہ میں نے ابھی تک ان کا استعفاء منظور نہیں کیا ہے، لیکن انہیں کمیٹی کے جلسوں میں شرکت کے لیے کہا بھی

نہیں۔ وہ کہنے لگے فلاں شخص شام کو آیا تھا، کئی گھنٹے منتظر رہ کر ابھی گیا ہے اور یہ پیام دے گیا ہے کہ "گرفتاری کی افواہیں غلط نہ تھیں۔ باوثوق ذرائع سے معلوم ہوا ہے کہ تمام انتظامات کر لیے گئے ہیں۔ آج رات کسی وقت یہ معاملہ ضرور پیش آئے گا۔" دو ہفتے سے گرفتاری کی افواہیں دہلی سے کلکتہ تک ہر شخص کی زبان پر تھیں۔ میں سنتے سنتے تھک گیا تھا:

یا وفاء یا خبرِ وصلِ تو، یا مرگِ رقیب

بازیٔ چرخ ازیں یک دوسہ کارے بکند

اور کچھ اس بات کا بھی خیال تھا کہ ان کی ماؤف طبیعت کو اس طرح کی فکروں سے پریشان نہ ہونے دوں۔ میں نے جھنجھلا کر کہا جس طرح کے حالات درپیش ہیں ان اس طرح کی افواہیں ہمیشہ اُڑا ہی کرتی ہیں۔ ایسی خبروں کا اعتبار کیا؟ مجھے کچھ کھا کر سو جانے دیجیے کہ آدھی رات جواب باقی رہ گئی ہے ہاتھ سے نہ جائے اور چند گھنٹے آرام کر لوں:

گر غم خوریم خوش نہ بود، بہ کہ مے خوریم!

حسب معمول چار بجے اٹھا، لیکن طبیعت تھکی ہوئی اور سر میں سخت گرانی تھی۔ میں نے جن اسپرین (Gen Aspirin) کی دو گولیاں منہ میں ڈال کر چائے پی اور قلم اٹھایا کہ بعض ضروری خطوں کا مسودہ لکھ لوں جو رات کی تجویز کے ساتھ پریسیڈنٹ روزویلٹ

وغیرہ کو بھیجنا طے پایا تھا۔ سامنے سمندر میں بھاٹا ختم ہو چکا تھا اور اس کے ختم ہوتے ہی رات بھر کی امس بھی ختم ہو گئی تھی۔ اب جوار کی لہریں ساحل سے ٹکرا رہی تھیں اور ہوا کے ٹھنڈے اور نم آلود جھونکے بھیجنے لگی تھیں۔ کچھ تو جن اسپرین نے کام کیا ہوگا، کچھ نسیم صبح گاہی کے اِن شفا بخش جھونکوں نے چارہ فرمائی کی۔ ایسا محسوس ہونے لگا جیسے سر کی گرانی کم ہو رہی ہے پھر افاقہ کیا اس احساس نے اچانک غنودگی کی سی حالت طاری کر دی:

نسیم صبح! تیری مہربانی!

بے اختیار ہو کر قلم رکھ دیا اور بستر پر لیٹ گیا۔ لیٹتے ہی آنکھ لگ گئی۔ پھر اچانک ایسا محسوس ہوا، جیسے سڑک پر سے موٹر کاریں گزر رہی ہوں۔ پھر کیا دیکھتا ہوں کہ کئی کاریں مکان کے احاطہ میں داخل ہو گئی ہیں اور اُس بنگلے کی طرف جا رہی ہیں جو مکان کے پچھواڑے میں واقع ہے اور جس میں صاحب مکان کا لڑکا دھیرو رہتا ہے۔ پھر خیال ہوا میں خواب دیکھ رہا ہوں اور اس کے بعد گہری نیند میں ڈوب گیا:

زہے مراتب خوابے کہ بہ ز بیداری ست!

شاید اسی حالت پر دس بارہ منٹ گزرے ہوں گے کہ کسی نے میرا پیر دبایا۔ آنکھ کھلی تو کیا دیکھتا ہوں دھیرو ایک کاغذ ہاتھ میں لیے کھڑا ہے اور کہہ رہا ہے، دو فوجی افسر ڈپٹی

کمشنر پولیس کے ساتھ آئے ہیں اور یہ کاغذ لائے ہیں۔ گو اتنی ہی خبر میرے لیے کافی تھی، مگر میں نے کاغذ لے لیا کہ دیکھوں :

کس کس کی مُہر ہے سرِ محضر لگی ہوئی ؟

میں نے دھیرو سے کہا، مجھے ڈیڑھ گھنٹہ تیاری میں لگے گا۔ ان سے کہہ دو کہ انتظار کریں۔ پھر غسل کیا، کپڑے پہنے، چند خطوط لکھے اور باہر نکلا تو پانچ بج کر پینتالیس منٹ ہوئے تھے :

کارِ مشکل بود، ما بر خویش آساں کردہ ایم !

کار باہر نکلی تو صبح مسکرا رہی تھی۔ سامنے دیکھا تو سمندر اچھل اچھل کر ناچ رہا تھا۔ نسیم صبح کے جھونکے احاطہ کی روشنی میں پھرتے ہوئے ملے۔ یہ پھولوں کی خوشبو چن چن کر جمع کر رہے تھے اور سمندر کو بھیج رہے تھے کہ اپنی ٹھوکروں سے فضا میں پھیلاتا رہے۔ ایک جھونکا کار میں سے ہو کر گزرا تو بے اختیار حافظ کی غزل یاد آ گئی۔

صبا وقتِ سحر بوئے ز زلف یار می آورد

دلِ شوریدہ ما راز نو در کار می آورد !

کار وکٹوریہ ٹرمینس اسٹیشن پر پہنچی تو اس کا پچھلا حصہ ہر طرف سے فوجی پہرہ کے حصار میں تھا اور اگرچہ لوکل ٹرینوں کی روانگی کا وقت گزر رہا تھا لیکن مسافروں کا داخلہ روک دیا

گیا تھا۔ صرف ایک پلیٹ فارم پر کچھ ہل چل دکھائی دیتی تھی کیونکہ ایک انجن رسٹورنٹ کار کو دھکیل دھکیل کر ایک ٹرین سے جوڑ رہا تھا۔ معلوم ہوا یہی کاروانِ خاص ہے جو ہم زندانیوں کے لیے تیار کیا گیا ہے۔ گاڑیاں کوریڈور کیریج (Corridor Carriage) قسم کی لگائی گئی تھیں جو آپس میں جڑ جاتی ہیں اور آدمی ایک سرے سے دوسرے سرے تک اندر ہی اندر چلا جا سکتا ہے۔ ٹرین کے اندر گیا تو معلوم ہوا کہ گرفتاریوں کا معاملہ پوری وسعت کے ساتھ عمل میں لایا گیا ہے۔ بہت سے آ چکے ہیں جو نہیں آئے وہ آتے جاتے ہیں :

بہت آگے گئے ، باقی جو ہیں تیار بیٹھے ہیں

بعض احباب مجھ سے پہلے پہنچائے جا چکے تھے ان کے چہروں پر بے خوابی اور ناوقت کی بیداری بول رہی تھی۔ کوئی کہتا تھا رات دو بجے سویا اور چار بجے اٹھا دیا گیا کوئی کہتا تھا بہ مشکل ایک گھنٹہ نیند کا ملا ہو گا۔ میں نے کہا، معلوم نہیں، سوئی ہوئی قسمت کا کیا حال ہے؟ اُسے بھی کوئی جگانے کے لیے پہنچا یا نہیں؟

درازیِ شب و بیداری من ایں ہمہ نیست
زبختِ من خبر آرید تا کجا خفت ست

بہر حال وقت کی گرم جوشیوں میں یہ شکایتیں مخل نہیں ہو سکتی تھیں چونکہ رسٹورنٹ کارلگ چکی تھی اور چائے کے لیے پوچھا گیا تھا، اس لیے گوپی چُکا تھا لیکن پھر منگوائی اور ان نیند کے متوالوں کو دعوت دی کہ اس جام صُبح گاہی سے بادہ دوشینہ کا خمار منائیں :

بنوش مے چو سبک روحی اے حریف مدام

علی الخصوص دریں دم کہ سر گراں داری!

یہاں "بادہ دوشینہ "کی ترکیب محض "جام صبح گاہی "کی مناسبت سے زبان قلم پر طاری ہوگئی۔ مگر غور کیجیئے کتنی مطابق حال واقع ہوئی ہے ؟ صرف ایک شام اور صبح کے اندر صورت حال کیسی منقلب ہوگئی ؟ کل شام کو جو بزم کیف و سرور آراستہ ہوئی تھی، اس کی بادہ گساریوں اور سیہ مستیوں نے دوپہر رات تک طول کھینچا تھا لیکن اب صبح کے وقت دیکھیے تو :

نے وہ سرورو سوز، نہ جوش و خروش ہے

رات کی تر دماغیوں کی جگہ صبح کی سر گرانیوں نے لے لی اور مجلس دوشین کی دست افشانیوں اور پاکوبیوں کے بعد جب آنکھ کھلی تو اب صبحِ خمار کی افسردہ جماہیوں کے سوا اور کچھ باقی نہیں رہا تھا :

خمیازہ سنج تہمت عیش رمیدہ ام

مے آں قدر نہ بُود کہ رنج خمار بُرد

رات کی کیفیتیں جتنی تند و تیز ہوتی ہیں، صبح کا خمار اتنا ہی سخت ہوتا ہے۔ اگر رات کی سیہ مستیوں کے بعد اب صبح خمار کی تلخ کامیوں سے سابقہ پڑا تھا تو ایسا ہونا ناگزیر تھا اور کوئی وجہ نہ تھی کہ ہم شکوہ سنج ہوتے۔ البتہ حسرت اس کی رہ گئی کہ جب ہونا یہی تھا تو کاش، جی کی ہوس تو پوری نکال لی ہوتی اور نیچے تلے پیمانوں کی جگہ شیشوں کے شیشے لنڈھا دیئے ہوتے۔ خواجہ میر درد کیا خوب کہہ گئے ہیں

کبھی خوش بھی کیا ہے جی کسی رند شرابی کا

بھڑا دیئے منہ سے منہ ساقی! ہمارا اور گلابی کا

ساڑھے سات بج چکے تھے کہ ٹرین نے کوچ کی سیٹی بجائی۔ حافظ کی مشہور غزل کا یہ شعر کم از کم سینکڑوں مرتبہ تو پڑھا اور سنا ہوگا، لیکن واقعہ یہ ہے کہ اس کا اصلی لطف اُسی وقت آیا:

کس نہ دانست کہ منزل گہِ مقصود کجاست

ایں قدر ہست کہ بانگ جرسے مے آید!

بمبئی میں جو افواہیں گرفتاری سے پہلے پھیلی ہوئی تھیں، اُن میں احمد نگر کے قلعہ اور پونا کے آغا خاں پیلس کا نام تعین کے ساتھ لیا جا رہا تھا۔ جب کلیان اسٹیشن سے ٹرین آگے بڑھی اور پونا کی راہ اختیار کی تو سب کو خیال ہوا غالباً منزلِ مقصود پونا ہی ہے لیکن جب پونا قریب آیا تو ایک غیر آباد اسٹیشن پر صرف بعض رفقاء اُتار لیے گئے اور بمبئی کے مقامی قافلہ کو بھی اُترنے کے لیے کہا گیا، مگر ہم سے کچھ نہیں کہا گیا اور صدائے جرس نے پھر کوچ کا اعلان کر دیا:

جرس فریاد می دارد کہ بر بندید محملہا

اب احمد نگر ہر شخص کی زبان پر تھا۔ کیونکہ اگر پونا میں ہم نہیں اُتارے گئے تو پھر اس رُخ پر احمد نگر کے سوا اور کوئی جگہ نہیں ہو سکتی۔ ایک صاحب نے جو انہی اطراف کے رہنے والے ہیں بتلایا کہ پونا اور احمد نگر کا باہمی فاصلہ ستر اسی میل سے زیادہ نہیں، اس لیے زیادہ سے زیادہ دو ڈھائی گھنٹے کا سفر اور سمجھنا چاہیے۔ مگر میرا خیال دوسری ہی طرف جا رہا تھا۔ احمد نگر یقیناً دور نہیں ہے۔ بہت جلد آ جائے گا۔ مگر احمد نگر پر سفر ختم کب ہوتا ہے؟ احمد نگر سے تو شروع ہو گا۔ بے اختیار ابو العلاء معری کا لامیہ یاد آ گیا:

فیا دارھا بالخیف، اِنّ مزارھا
قریب ولکن دون ذلک اھوال

یہ عجیب اتفاق ہے کہ ملک کے تقریباً تمام تاریخی مقامات دیکھنے میں آئے مگر قلعہ احمد نگر دیکھنے کا کبھی اتفاق نہیں ہوا۔ ایک مرتبہ جب بمبئی میں تھا تو قصد بھی کیا تھا مگر پھر حالات نے مہلت نہ دی۔ یہ شہر بھی ہندوستان کے اُن خاص مقامات میں سے ہے جن کے ناموں کے ساتھ صدیوں کے اِنقلابوں کی داستانیں وابستہ ہو گئی ہیں۔ پہلے یہاں بھینگر نامی ندی کے کنارے ایک اسی نام کا گاؤں آباد تھا۔ پندرھویں صدی مسیحی کے اواخر میں جب دکن کی بہمنی حکومت کمزور پڑگئی تو ملک احمد نظام الملک بھیری نے علم استقلال بلند کیا اور بھینگر کے قریب احمد نگر کی بنیاد ڈال کر جنیر کی جگہ اُسے حاکم نشین شہر بنایا۔ اس وقت سے نظام شاہی مملکت کا دارالحکومت یہی مقام بن گیا۔ فرشتہ، جس کا خاندان مازندران سے آکر یہیں آباد ہوا تھا لکھتا ہے۔ چند برسوں کے اندر اس شہر نے وہ رونق وسعت پیدا کرلی تھی کہ بغداد اور قاہرہ کا مقابلہ کرنے لگا تھا:

کس پائمال آفتِ فرسودگی مباد

دیروز ریگ بادیہ آئینہ خانہ بود

ملک احمد نے جو قلعہ تعمیر کیا تھا، اُس کا حصار مٹی کا تھا۔ اس کے لڑکے برہان نظام شاہ اول نے اسے منہدم کر کے از سر نو پتھر کا حصار تعمیر کیا اور اسے اس درجہ بلند اور

مضبوط بنایا کہ مصر اور ایران تک اس کی مضبوطی کا غلغلہ پہنچا۔ ۱۸۰۳ عیسوی کی دوسری جنگ مرہٹہ میں جب جنرل ویلزلی نے (جو آگے چل کر ڈیوک آف ویلنگٹن ہوا) اس کا معائنہ کیا تھا تو اگرچہ تین سو برس کے انقلابات سہہ چکا تھا، پھر بھی اس کی مضبوطی میں فرق نہیں آیا تھا۔ اس نے اپنے مراسلہ میں لکھا تھا کہ دکن کے تمام قلعوں میں صرف ویلور کا قلعہ ایسا ہے جسے مضبوطی کے لحاظ سے اس پر ترجیح دی جا سکتی ہے :

کارواں رفتہ و اندازہ جاہش پیداست
زاں نشان ہا کہ بہ ہر راہگزار افتادست

یہی احمد نگر کا قلعہ ہے جس کی سنگی دیواروں پر برہان نظام شاہ کی بہن چاند بی بی نے اپنے عزم و شجاعت کی یادگار زمانہ داستانیں کندہ کی تھیں اور جنہیں تاریخ نے پتھر کی سِلوں سے اُتار کر اپنے اوراق و دفاتر میں محفوظ کر لیا ہے :

بیفشاں جرعہ بر خاک و حالِ اہل شوکت بیں
کہ از جمشید و کیخسرو ہزاراں داستاں دارد

اسی احمد نگر کے معرکوں میں عبدالرحیم خان خاناں کی جوانمردی کا وہ واقعہ نمایاں ہوتا جس کی سرگزشت عبدالباقی نہاوندی اور صمصام الدولہ نے ہمیں سنائی ہے جب احمد نگر کی مدد پر بیجاپور اور گولکنڈہ کی فوجیں بھی آ گئیں اور خانخاناں کی قلیل التعداد فوج کو

سہیل حبشی کی طاقتور فوج سے ٹکرانا پڑا تو دولت خان لودی نے پوچھا تھا، "چنیں انبوہے درپیش (است) و فتح آسمانی۔ اگر (شکست) حادثۂ ردو بد جائے نشاں دہید کہ (ما) شمارا دریابیم۔" خانخاناں نے جواب دیا تھا "زیر لاشھا"۔

و نَحنُ اناس توسط بيننا

لنا الصدرُ دونَ العالمين اَو القبر

احمد نگر کے نام نے حافظہ کے کتنے ہی بھولے ہوئے نقوش یکایک تازہ کر دیئے۔ ریل تیزی کے ساتھ دوڑی جا رہی تھی۔ میدان کے بعد میدان گزرتے جاتے تھے۔ ایک منظر پر نظر جمنے نہیں پاتی تھی کہ دوسرا سامنے آجاتا تھا اور ایسا ہی ماجرا میرے دماغ کے اندر بھی گزر رہا تھا۔ احمد نگر اپنی چھ سو برس کی داستان کہن لیے ورق پر ورق اُلٹتا جاتا۔ ایک صفحہ ابھی نظر جمنے نہ پاتی کہ دوسرا سامنے آجاتا:

گاہے گاہے باز خواں ایں دفتر پارینہ را

تازہ خواہی داشتن گر داغہائے سینہ را

مجھے خیال ہوا، اگر ہمارے قید و بند کے لیے یہی جگہ چنی گئی ہے تو انتخاب کی موزونیت میں کلام نہیں۔ ہم خراباتیوں کے لیے کوئی ایسا ہی خرابہ ہونا تھا:

بایک جہاں کدورت، باز ایں خرابہ جائیست

دو بجنے والے تھے کہ ٹرین احمد نگر پہنچی۔ اسٹیشن میں سناٹا تھا۔ صرف چند فوجی افسر ٹہل رہے تھے۔ انہی میں مقامی چھاؤنی کا کمانڈنگ آفیسر بھی تھا، جس سے ہمیں ملایا گیا۔ ہم اُترے اور فوراً اسٹیشن سے روانہ ہو گئے۔ اسٹیشن سے قلعہ تک سیدھی سڑک چلی گئی ہے۔ راہ میں کوئی موڑ نہیں ملی۔ میں سوچنے لگا کہ مقاصد کے سفر کا بھی ایسا ہی حال ہے۔ جب قدم اٹھا دیا، تو پھر کوئی موڑ نہیں ملتی۔ اگر مڑنا چاہیں تو صرف پیچھے ہی کی طرف مڑ سکتے ہیں لیکن پیچھے مڑنے کی راہ یہاں پہلے سے بند ہو جاتی ہے :

ہاں، رہِ عشق ست، کج گشتن نہ دارد باز گشت

جرم را ایں جا عقوبت ہست، استغفار نیست

اسٹیشن سے قلعہ تک کی مسافت زیادہ سے زیادہ دس بارہ منٹ کی ہوگی۔ قلعہ کا حصار پہلے کسی قدر فاصلہ پر دکھائی دیا۔ پھر یہ فاصلہ چند لمحوں میں طے ہو گیا۔ اب اس دُنیا میں جو قلعہ سے باہر ہے اور اُس میں جو قلعہ کے اندر ہے صرف ایک قدم کا فاصلہ رہ گیا تھا۔ چشم زدن میں یہ بھی طے ہو گیا اور ہم قلعہ کی دنیا میں داخل ہو گئے۔ غور کیجیئے تو زندگی کی تمام مسافتوں کا یہی حال ہے۔ خود زندگی اور موت کا باہمی فاصلہ بھی ایک قدم سے زیادہ نہیں ہوتا۔

ہستی سے عدم تک نفسِ چند کی ہے راہ

دنیا سے گزرنا سفر ایسا ہے کہاں کا

قلعہ کی خندق، جس کی نسبت ابوالفضل نے لکھا ہے کہ چالیس گزچوڑی اور چودہ گز گہری تھی اور جسے ۱۸۰۳ عیسوی میں جنرل ویلزلی نے ایک سو آٹھ فٹ تک چوڑا پایا تھا مجھے دکھائی نہیں دی۔ غالباً جس رُخ سے ہم داخل ہوئے اس طرف پاٹ دی گئی ہے۔ اس کا بیرونی کنارہ جو کھدائی کی خاک ریز سے اس قدر اونچا کر دیا گیا تھا کہ قلعہ کی دیوار چھپ گئی تھی، وہ بھی اس رخ پر نمایاں نہ تھا۔ ممکن ہے کہ وہ صورت اب باقی نہ رہی ہو۔

قلعہ کے اندر پہلے موٹر لاریوں کی قطار ملی، پھر ٹینکوں کی۔ اس کے بعد ایک احاطہ کے سامنے جو قلعہ کی عام سطح سے چودہ پندرہ فٹ بلند ہوگا اور اس لیے چڑھائی پر واقع ہے، کاریں رُک گئیں اور ہمیں اترنے کے لیے کہا گیا۔ یہاں انسپکٹر جنرل پولیس بمبئی نے جو ہمارے ساتھ آیا تھا، ہمارے ناموں کی فہرست کمانڈنگ آفیسر کے حوالہ کی۔ وہ فہرست لے کر دروازہ کے پاس کھڑا ہوگیا۔ یہ گویا ہماری سپردگی کی باضابطہ رسم تھی۔ اب ہماری حفاظت کا سر رشتہ حکومت بمبئی کے ہاتھ سے نکل کر فوجی انتظام کے ہاتھ آگیا اور ہم ایک دنیا سے نکل کر دوسری دنیا میں داخل ہو گئے:

درجستجوئے ما نہ کشی زحمتِ سراغ

جائے رسیدہ ایم کہ عنقا نمی رسد

دروازے کے اندر داخل ہوئے تو ایک مستطیل احاطہ سامنے تھا۔ غالباً دو سو فٹ لمبا اور ڈیڑھ سو فٹ چوڑا ہو گا۔ اس کے تینوں طرف بارک کی طرح کمروں کا سلسلہ چلا گیا ہے۔ کمروں کے سامنے برآمدہ ہے اور بیچ میں کھلی جگہ ہے۔ اگرچہ اتنی وسیع نہیں کہ اسے میدان کہا جا سکے، تاہم احاطہ کے زندانیوں کے لیے میدان کا کام دے سکتی ہے۔ آدمی کمرہ سے باہر نکلے گا تو محسوس کرے گا کہ کھلی جگہ میں آگیا۔ کم از کم اتنی جگہ ضرور ہے کہ جی بھر کے خاک اڑائی جا سکتی ہے :

سر پر ہجوم دردِ غریبی سے ڈالیے،

وہ ایک مشتِ خاک کہ صحرا کہیں جسے

صحن کے وسط میں ایک پختہ چبوترہ ہے۔جس میں جھنڈے کا مستول نصب ہے مگر جھنڈا اتار لیا گیا ہے۔ میں نے مستول کی بلندی دیکھنے کے لیے سر اٹھایا تو وہ اشارہ کر رہا تھا :

یہیں ملیں گے تجھے نالۂ بلند ترے

احاطہ کے شمالی کنارہ میں ایک پرانی ٹوٹی ہوئی قبر ہے۔ نیم کے ایک درخت کی شاخیں اس پر سایہ کرنے کی کوشش کر رہی ہیں مگر کامیاب نہیں ہوتیں۔ قبر کے سرہانے

ایک چھوٹا سا طاق ہے۔ طاق اب چراغ سے خالی ہے مگر محراب کی رنگت بول رہی ہے کہ یہاں کبھی ایک دیا جلا کرتا تھا:

اسی گھر میں جلایا ہے چراغ آرزو برسوں

معلوم نہیں یہ کس کی قبر ہے؟ چاند بی بی کی ہو نہیں سکتی کیونکہ اس کا مقبرہ قلعہ سے باہر ایک پہاڑی پر واقع ہے۔ بہر حال کسی کی ہو، مگر کوئی مجہول الحال شخصیت نہ ہوگی ورنہ جہاں قلعہ کی تمام عمارتیں گرائی تھیں، وہاں اسے بھی گرا دیا ہوتا۔ سُبحان اللہ! اس روز گارِ خراب کی ویرانیاں بھی اپنی آبادیوں کے کرشمے رکھتی ہیں! اس پرانی قبر کو ویران بھی ہونا تھا تو اس لیے کہ کبھی ہم زندانیانِ خراباتی کے شور و ہنگامہ سے آباد ہو:

کشتوں کا تیری چشم سیہ مست کے مزار

ہو گا خراب بھی، تو خرابات ہووے گا

مغربی رُخ کے تمام کمرے کھلے اور چشم براہ تھے۔ قطار کا پہلا کمرہ میرے حصے میں آیا۔ میں نے اندر قدم رکھتے ہی پہلا کام یہ کیا کہ چارپائی پر، کہ بچھی ہوئی تھی، دراز ہو گیا۔ نو مہینے کی نیند اور تھکن میرے ساتھ بستر پر گری:

ما گوشہ را نہ بہرِ قناعت گرفتہ ایم

تن پروری بہ گوشہ خاطر رسیدہ است

تقریباً تین بجے سے چھ بجے تک سوتا رہا۔ پھر رات کو نو بجے تکیہ پر سر رکھا تو صبح تین بجے آنکھ کھولی :

نے تیر کماں میں ہے، نہ صیاد کمیں میں
گوشے میں قفس کے مجھے آرام بہت ہے

تین بجے اٹھا تو تازہ دم اور چُست و چاق تھا۔ نہ سر میں گرانی تھی نہ انفلوئنزا کا نام و نشان تھا۔ فوراً بجلی کا آلہ حرارت کام میں لایا اور چائے دم دی۔ اب جام و صراحی سامنے دھرے بیٹھا ہوں۔ آپ کو مخاطب تصور کرتا ہوں اور یہ داستانِ بے ستون و کوہکن سنا رہا ہوں :

شیریں تر از حکایت ما نیست قصہ
تاریخ روزگار سراپا نوشتہ ایم

مہینوں سے ایسی گہری اور آسودہ نیند نصیب نہیں ہوئی تھی۔ ایسا معلوم ہوتا ہے کہ کل صبح بمبئی سے چلتے ہُوئے جو دامن جھاڑنا پڑا تھا تو علائق کی گرد کے ساتھ مہینوں کی ساری تھکن بھی نکل گئی تھی۔ یغمائے جندقی کیا خوب کہہ گیا ہے :

غلط گفتی "چرا سجادہ تقویٰ گرو کردی؟"
بہ زہد آلودہ بودم، گر نمی کردم چہ می کردم؟

یہ اُسی غزل کا شعر ہے۔ جس کا ایک اور شعر جو مجتہد کاشان کی نسبت کہا تھا، بہت مشہور ہو چکا ہے:

زشیخ شہر جاں بُردم بہ تزویر مسلمانی
مدارا گر بہ ایں کافر نمی کردم چہ می کردم؟

ردیف کا نبھانا آسان نہ تھا مگر دیکھیے کس طرح بول رہی ہے؟ بول نہیں رہی ہے، چیخ رہی ہے۔ میں بھی اس وقت چائے کے فنجان پر فنجان لنڈھائے جاتا ہوں اور اس کا مطلع دہرا رہا ہوں:

زساغر گر دماغے تر نمی کردم، چہ می کردم؟

خدارا داد دیجیے۔ نظر بہ حالات موجودہ یہاں "چہ می کردم" کیا قیامت ڈھا رہا ہے؟ گویا یہ مصرعہ خاص اسی موقع کے لیے کہا گیا تھا۔ مگر یوں پتہ نہیں چلے گا "چہ می کردم" پر زیادہ سے زیادہ زور دے کر پڑھیے۔ پھر دیکھیے صورت حال کی پوری تصویر کس طرح سامنے نمودار ہو جاتی ہے۔

یہ جو کچھ لکھ رہا ہوں، کلپترہ گوئی اور لاطائل نویسی سے زیادہ نہیں ہے۔ یہ بھی نہیں معلوم، بحالت موجودہ میری صدائیں آپ تک پہنچ بھی سکیں گی یا نہیں؟ تاہم کیا

کروں افسانہ سرائی سے اپنے آپ کو باز نہیں رکھ سکتا۔ یہ وہی حالت ہوئی جسے مرزا غالب نے ذوق خامہ فرسا کی ستم زدگی سے تعبیر کیا تھا:

مگر ستم زدہ ہوں ذوقِ خامہ فرسا کا!

ابوالکلام

خط نمبر ۶

قلعہ احمد نگر

۱۱ اگست ۱۹۴۲ عیسوی

صدیق مکرم

قید و بند کی زندگی کا یہ چھٹا تجربہ ہے۔ پہلا تجربہ ۱۹۱۶ء میں پیش آیا تھا، جب مسلسل چار برس تک قید و بند میں رہا۔ پھر ۱۹۲۱ء، ۱۹۳۱ء، ۱۹۳۲ء اور ۱۹۴۰ء میں یکے بعد دیگرے یہی منزل پیش آتی رہی اور اب پھر اُسی منزل سے قافلہ باد پیمائے عمر گزر رہا ہے:

بازمی خواہم ز سر گیرم رہِ پیمودہ را!

پچھلی پانچ گرفتاریوں کی اگر مجموعی مدت شمار کی جائے تو سات برس آٹھ مہینے سے زیادہ نہیں ہوگی۔ (یہ مکتوب ۱۱ اگست ۱۹۴۲ء کو لکھا تھا۔ اس کے بعد قید کے دو برس گیارہ

مہینے اور گزر گئے اور مجموعی مدت سات برس آٹھ مہینے کی جگہ دس برس سات ماہ ہو گئی۔ اس اضافہ کے خلاف کوئی شکوہ کرنا نہیں چاہتا البتہ اس کا افسوس ضرور ہے کہ وہ ساتویں حصہ کی مناسبت کی بات مختل ہو گئی اور سبت کی تعطیل کا معاملہ ہاتھ سے نکل گیا۔) عمر کے ترپن برس جو گزر چکے ہیں، اُن سے یہ مدت وضع کرتا ہوں تو ساتویں حصے کے قریب پڑتی ہے۔ گویا زندگی کے ہر سات دن میں ایک دن قید خانہ کے اندر گزرا۔ تورات کے احکام عشرہ میں ایک حکم سبت کے لیے بھی تھا یعنی ہفتہ کا ساتواں دن تعطیل کا مقدس دن سمجھا جائے۔ مسیحیت اور اسلام نے بھی یہ تعطیل قائم رکھی۔ سو ہمارے حصہ میں بھی سبت کا دن آیا مگر ہماری تعطیلیں اس طرح بسر ہوئیں گویا خواجہ شیراز کے دستور العمل پر کاربند رہے:

نہ گویمت کہ ہمہ سال مَے پرستی کُن
سہ ماہ مے خور و نہ ماہ پارسامی باش

وقت کے حالات کے پیش نظر رکھتے ہوئے اس تناسب پر غور کرتا ہوں تو تعجب ہوتا ہے۔ اس پر نہیں کہ سات برس آٹھ مہینے قید و بند میں کیوں کٹے؟ اس پر کہ صرف سات برس آٹھ مہینے ہی کیوں کٹے؟

نالہ از بہر رہائی نہ کند مُرغ اسیر

خوردافسوس زمانے کہ گرفتار نہ بود

وقت کے جو حالات ہمیں چاروں طرف سے گھیرے ہوئے ہیں اُن میں اس ملک کے باشندوں کے لیے زندگی بسر کرنے کی دو ہی راہیں رہ گئی ہیں۔ بے حسی کی زندگی بسر کریں یا احساس حال کی۔ پہلی زندگی ہر حال میں اور ہر جگہ بسر کی جا سکتی ہے مگر دوسرے کے لیے قید خانہ کی کوٹھڑی کے سوا اور کہیں جگہ نہ نکل سکی۔ ہمارے سامنے بھی دونوں راہیں کھلی تھیں۔ پہلی ہم اختیار نہیں کر سکتے تھے، ناچار دوسری اختیار کرنی پڑی:

رندِ ہزار شیوہ را طاعتِ حق گراں نہ بود

لیک صنم بہ سجدہ در ناصیہ مشترک نخواست

زندگی میں جتنے جُرم کیے اور ان کی سزائیں پائیں، سونچتا ہوں تو ان سے کہیں زیادہ تعداد اُن جرموں کی تھی جو نہ کر سکے اور جن کے کرنے کی حسرت دل میں رہ گئی۔ یہاں کردہ جرموں کی سزائیں تو مل جاتی ہیں لیکن ناکردہ جرموں کی حسرتوں کا صلہ کس سے مانگیں؟

ناکردہ گناہوں کی بھی حسرت کی ملے داد

یارب، اگر ان کردہ گناہوں کی سزا ہے

۱۹۱۶ء میں جب معاملہ پیش آیا تو مجھے پہلی مرتبہ موقع ملا کہ اپنی طبیعت کے تاثرات کا جائزہ لوں۔ اس وقت عمر کے صرف ستائیس برس گزرے تھے۔ "الہلال" "البلاغ" کے نام سے جاری تھا۔ دار الارشاد قائم ہو چکا تھا۔ زندگی کی گہری مشغولیتیں چاروں طرف سے گھیرے ہوئے تھیں۔ طرح طرح کی سرگرمیوں میں دل اٹکا ہوا اور علاقوں اور رابطوں کی گرانیوں سے بوجھل تھا۔ اچانک ایک دن دامن جھاڑ کر اٹھ کھڑا ہونا پڑا اور مشغولیت کی ڈوبی ہوئی زندگی کی جگہ قید و بند کی تنہائی اور بے تعلقی اختیار کر لینی پڑی۔

بظاہر اس ناگہانی انقلاب حال میں طبیعت کے لیے بڑی آزمائش ہونی تھی لیکن واقعہ یہ ہے کہ نہیں ہوئی۔ آباد گھر چھوڑا اور ایک ویرانہ میں جا بیٹھ رہا:

نقصاں نہیں جنوں میں، بلا سے ہو گھر خراب
دو گز زمیں کے بدلے بیاباں گراں نہیں

(۷ اپریل ۱۹۰۶ء کو حکومتِ بنگال نے ڈیفنس آرڈیننس کے ماتحت مجھے بنگال سے خارج کر دیا تھا۔ میں رانچی گیا اور شہر سے باہر مورابادی میں مقیم ہو گیا۔ پھر کچھ دنوں کے بعد مرکزی حکومت نے وہیں قید کر دیا اس کا سلسلہ ۱۹۲۰ء تک جاری رہا۔)

لیکن پھر کچھ عرصے کے بعد جب اس صُورت حال کا رد عمل شروع ہوا تو معلوم ہوا کہ معاملہ اتنا سہل نہ تھا جتنا ابتدائے حال کی سرگرمیوں میں محسوس ہوتا تھا اور اس کی آزمائشیں ابھی گزر نہیں چکیں بلکہ اب پیش آ رہی ہیں۔ جب کبھی اس طرح کا معاملہ یکایک پیش آ جاتا ہے تو ابتدا میں اس کی سختیاں پوری طرح محسوس نہیں ہوتیں۔ کیونکہ طبیعت میں مقاومت کا ایک سخت جذبہ پیدا ہو جاتا ہے اور وہ نہیں چاہتا کہ صورت حال سے دب جائے۔ وہ اس کا غالباً نہ مقابلہ کرنا چاہتا ہے۔ نتیجہ یہ نکلتا ہے کہ ایک پر جوش نشہ کی سی حالت طاری ہو جاتی ہے۔ نشہ کی تیزی میں کتنی ہی سخت چوٹ لگے، اُس کی تکلیف محسوس نہیں ہوگی۔ تکلیف اُس وقت محسوس ہوگی جب نشہ اُترنے لگے گا اور جماہیاں آنی شروع ہوں گی۔ اس وقت ایسا معلوم ہوگا، جیسے سارا جسم درد سے چور چور ہو رہا ہو۔ چنانچہ اس مُعاملہ میں بھی پہلا دور نشۂ جذبات کی خود فراموشیوں کا گزرا۔ علائق کا فوری انقطاع، کاروبار کی ناگہانی برہمی، مشغولیتوں کا یک قلم تعطل، کوئی بات بھی دامن دل کو کھینچ نہ سکی۔ کلکتہ سے بہ اطمینانِ تمام نکلا اور رانچی میں شہر کے باہر ایک غیر آباد حصہ میں مقیم ہو گیا۔ لیکن پھر جوں جوں دن گزرتے گئے، طبیعت کی بے پروائیاں جواب دینے لگیں اور صورت حال کا ایک ایک کانٹا پہلوئے دل میں چبھنے لگا۔ یہ وقت تھا جب مجھے اپنی طبیعت کی اس انفعالی حالت

کا مقابلہ کرنا پڑا اور ایک خاص طرح کا سانچا اس کے لیے ڈھالنا پڑا۔ اُس وقت سے لے کر آج تک کہ چھبیس برس گزر چکے، وہی سانچا کام دے رہا ہے اور اب اس قدر پُختہ ہو چکا ہے کہ ٹوٹ سکتا ہے مگر لچک نہیں کھا سکتا۔

طالب علمی کے زمانے سے فلسفہ میری دلچسپی کا خاص موضوع رہا ہے۔ عمر کے ساتھ ساتھ یہ دلچسپی برابر بڑھتی گئی لیکن تجربے سے معلوم ہوا کہ عملی زندگی کی تلخیاں گوارا کرنے میں فلسفہ سے کچھ زیادہ مدد نہیں مل سکتی۔ یہ بلاشبہ طبیعت میں ایک طرح رواقی (Stoical) بے پروائی پیدا کر دیتا ہے اور ہم زندگی کے حوادث و آلام کو عام سطح سے کچھ بلند ہو کر دیکھنے لگتے ہیں۔ لیکن اس سے زندگی کے طبعی انفعالات کی گتھیاں سلجھ نہیں سکتیں۔ یہ ہی ایک طرح کی تسکین ضرور دے دیتا ہے لیکن اس کی تسکین سر تا سر سلبی تسکین ہوتی ہے ایجابی تسکین سے اس کی جھولی ہمیشہ خالی رہی۔ یہ فقدان کا افسوس کم کر دے گا لیکن حاصل کی کوئی امید نہیں دلائے گا۔ اگر ہماری راحتیں ہم سے چھین لی گئی ہیں تو فلسفہ ہمیں کلیلہ و دمنہ (پنچ تنتر) کی دانش آموز چڑیا کی طرح نصیحت کرے گا "لا تاس علی مافات" (جو کچھ کھو چکا، اس پر افسوس نہ کر) لیکن کیا اس کھونے کے ساتھ کچھ پانا بھی ہے؟ اس بارے میں وہ ہمیں کچھ نہیں بتلاتا۔ کیونکہ

بتلا سکتا ہی نہیں اور اس لیے زندگی کی تلخیاں گوارا کرنے کے لیے صرف اس کا سہارا کافی نہ ہوا۔

سائنس عالم محسوسات کی ثابت شدہ حقیقتوں سے ہمیں آشنا کرتا ہے اور مادی زندگی کی بے رحم جبریت (Physical Determinism) کی خبر دیتا ہے۔ اس لیے عقیدہ کی تسکین اس کے بازار میں بھی نہیں مل سکتی۔ وہ یقین اور اُمید کے سارے پچھلے چراغ گل کر دے مگر کوئی نیا چراغ روشن نہیں کرے گا۔

پھر اگر ہم زندگی کی ناگواریوں میں سہارے کے لیے نظر اٹھائیں تو کس کی طرف اٹھائیں؟

کون ایسا ہے جسے دست ہو دل سازی میں؟
شیشہ ٹوٹے تو کریں لاکھ ہنر سے پیوند

ہمیں مذہب کی طرف دیکھنا پڑتا ہے۔ یہی دیوار ہے جس سے ایک دکھتی ہوئی پیٹھ ٹیک لگا سکتی ہے۔

دل شکستہ دراں کوچہ می کنند درست
چنانکہ خود نشناسی کہ از کجا بشکست

بلا شبہ مذہب کی وہ پُرانی دُنیا جس کی ما فوق الفطرت کارفرمائیوں کا یقین ہمارے دل و دماغ پا چھایا رہتا تھا، اب ہمارے لیے باقی نہیں رہی۔ اب مذہب بھی ہمارے سامنے آتا ہے تو عقلیت اور منطق کی ایک سادہ اور بے رنگ چادر اوڑھ کر آتا ہے اور ہمارے دلوں سے زیادہ ہمارے دماغوں کو مخاطب کرنا چاہتا ہے۔ تاہم اب بھی تسکین اور یقین کا سہارا مل سکتا ہے تو اسی سے مل سکتا ہے۔

در دیگرے بنما کہ من بہ کجا روم چو برانیم؟

فلسفہ شک کا دروازہ کھول دے گا اور پھر اُسے بند نہیں کر سکے گا۔ سائنس ثبوت دے دے گا مگر عقیدہ نہیں دے سکے گا۔ لیکن مذہب ہمیں عقیدہ دے دیتا ہے اگرچہ ثبوت نہیں دیتا اور یہاں زندگی بسر کرنے کے لیے صرف ثابت شدہ حقیقتوں ہی کی ضرورت نہیں ہے بلکہ عقیدہ کی بھی ضرورت ہے۔ ہم صرف انہی باتوں پا قناعت نہیں کر لے سکتے جنہیں ثابت کر سکتے ہیں اور اس لیے مان لیتے ہیں۔ ہمیں کچھ باتیں ایسی بھی چاہییں جنہیں ثابت نہیں کر سکتے، لیکن مان لینا پڑتا ہے۔

By Faith and Faith alone embrace

Believing where we cannot prove

عام حالات میں مذہب انسان کو اُس کے خاندانی ورثہ کے ساتھ ملتا ہے اور مجھے بھی ملا لیکن میں موروثی عقائد پر قانع نہ رہ سکا۔ میری پیاس اس سے زیادہ نکلی جتنی سیرابی وہ

دے سکتے تھے۔ مجھے پُرانی راہوں سے نکل کر خود اپنی نئی راہیں ڈھونڈنی پڑیں۔ زندگی کے ابھی پندرہ برس بھی پورے نہیں ہوئے تھے کہ طبیعت نئی خلشوں اور نئی جستجوؤں سے آشنا ہو گئی تھی اور موروثی عقائد جس شکل و صورت میں سامنے آ کھڑے ہوئے تھے، اُن پر مطمئن ہونے سے انکار کرنے لگی تھی۔ پہلے اسلام کے اندرونی مذاہب کے اختلافات سامنے آئے اور اُن کے متعارض دعووں اور متصادم فیصلوں نے حیران و سرگشتہ کر دیا۔ پھر جب کچھ قدم آگے بڑھے، تو خود نفسِ مذہب کی عالمگیر نزاعیں سامنے آ گئیں اور انھوں نے حیرانگی کو شک تک اور شک کو انکار تک پہنچا دیا۔ پھر اس کے بعد مذہب اور علم کی باہمی آویزشوں کا میدان نمودار ہوا اور اُس نے رہا سہا اعتقاد بھی کھو دیا۔ زندگی کے وہ بنیادی سوال جو عام حالات میں بہت کم ہمیں یاد آتے ہیں ایک ایک کر کے اُبھرے اور دل و دماغ پر چھا گئے۔ حقیقت کیا ہے اور کہاں ہے؟ اور ہے بھی یا نہیں؟ اگر ہے اور ایک ہی ہے کیونکہ ایک سے زیادہ حقیقتیں نہیں ہو سکتیں تو پھر راستے مختلف کیوں ہوئے؟ کیوں صرف مختلف ہی نہیں ہوئے بلکہ باہم متعارض اور متصادم ہوئے؟ پھر یہ کیا ہے کہ خلاف و نزاع کی ان تمام لڑتی ہوئی راہوں کے سامنے علم اپنے بے لچک فیصلوں اور ٹھوس حقیقتوں کا چراغ ہاتھ میں لیے کھڑا ہے اور اس کی بے رحم روشنی میں قدامت اور روایت کی وہ تمام پُراسرار

تاریکیاں جنہیں نوع انسانی عظمت و تقدیس کی نگاہ سے دیکھنے کی خوگر ہوگئ تھی، ایک ایک کر کے نابود ہو رہی ہیں۔

یہ راہ ہمیشہ شک سے شروع ہوتی ہے اور انکار پر ختم ہوتی ہے۔ اور اگر قدم اُسی پر رُک جائیں تو پھر مایوسی کے سوا اور کچھ ہاتھ نہیں آتا:

تھک تھک کے ہر مقام پہ دو چار رہ گئے

تیرا پتا نہ پائیں تو ناچار کیا کریں!

مجھے بھی ان منزلوں سے گزرنا پڑا، مگر میں رُکا نہیں۔ میری پیاس مایوسی پر قانع ہونا نہیں چاہتی تھی۔ بالآخر حیرانگیوں اور سرگشتگیوں کے بہت مرحلے طے کرنے کے بعد جو مقام نمودار ہوا، اُس نے ایک دوسرے ہی عالم میں پہنچا دیا۔ معلوم ہوا کہ اختلاف و نزاع کی انہی متعارض راہوں اور اوہام و خیالات کی انہی گھری تاریکیوں کے اندر ایک روشن اور قطعی راہ بھی موجود ہے جو یقین اور اعتقاد کی منزل مقصود تک چلی گئ ہے اور اگر سکون و طمانیت کے سرچشمے کا سراغ مل سکتا ہے تو وہیں مل سکتا ہے۔ میں نے جو اعتقاد حقیقت کی جستجو میں کھو دیا تھا، وہ اس جستجو کے ہاتھوں پھر واپس مل گیا۔

میری بیماری کو جو علت تھی، وہی بالآخر داروئے شفا بھی ثابت ہوئی:

قد اویتُ من لیلی بلیلیٰ عن الھویٰ

کما یتداوی شارب الخمر بالخمر

البتہ جو عقیدہ کھویا تھا اور جو عقیدہ پایا، وہ تحقیقی تھا۔

راہے کہ خضر داشت زسر چشمہ دُور بود
لبِ تشنگی زراہِ دگر بردہ ایم ما!

جب تک موروثی عقائد کے جمود اور تقلیدی ایمان کی چشم بندیوں کی پٹیاں ہماری آنکھوں پر بندھی رہتی ہیں ہم اس راہ کا سراغ نہیں پا سکتے۔ لیکن جونہی یہ پٹیاں کھلنے لگتی ہیں، صاف دکھائی دینے لگتا ہے کہ راہ نہ تو دُور تھی اور نہ کھوئی ہوئی تھی۔ یہ خود ہماری ہی چشم بندی تھی جس نے عین روشنی میں گم کر دیا تھا:

دردشتِ آرزو نہ بود بہم دام درد
راہے ست ایں کہ ہم زتو خیزد بلائے تو

اب معلوم ہوا کہ آج تک جسے مذہب سمجھتے آئے تھے، وہ مذہب کہاں تھا؟ وہ تو خود ہمارے ہی وہم پرستیوں اور غلط اندیشیوں کی ایک صُورت گری تھی:

تا بغایت ما ہنر پنداشتیم
عاشقی ہم ننگ و عارے بودہ ست

ایک مذہب تو موروثی مذہب ہے کہ باپ دادا جو کچھ مانتے آئے ہیں، مانتے رہیے۔ ایک جغرافیائی مذہب ہے کہ زمین کے کسی خاص ٹکڑے میں ایک شاہ راہِ عام بن گئی ہے، سب اُسی پر چلتے ہیں، آپ بھی چلتے رہیے۔ ایک مردم شماری کا مذہب ہے کہ مردم شماری کے کاغذات میں ایک خانہ مذہب کا بھی ہوتا ہے اس میں اسلام درج کرا دیجیے۔ ایک رسمی مذہب ہے کہ رسموں اور تقریبوں کا ایک سانچہ ڈھل گیا ہے اُسے نہ چھیڑیے اور اسی میں ڈھلتے رہیے۔ لیکن ان تمام مذہبوں کے علاوہ بھی مذہب کی ایک حقیقت باقی رہ جاتی ہے۔ تعریف و امتیاز کے لیے اسے حقیقی مذہب کے نام سے پُکارنا پڑتا ہے اور اسی کی راہ گُم ہو جاتی ہے :

ہمیں ورق کہ سیہ گشت مدعا این جاست

اسی مقام پر پہنچ کر یہ حقیقت بھی بے نقاب ہوئی کہ علم اور مذہب کی جتنی نزاع ہے فی الحقیقت علم اور مذہب کی نہیں ہے، مدعیانِ علم کی خامکاریوں اور مدعیانِ مذہب کی ظاہر پرستیوں اور قواعد سازیوں کی ہے۔ حقیقی علم اور حقیقی مذاہب اگرچہ چلتے ہیں الگ الگ راستوں سے مگر بالآخر پہنچ جاتے ہیں ایک ہی منزل پر

عبادا تنا شتیٰ و حسنک واحد

و کل الی ذاک الجمال لیشیر

علم عالم محسوسات سے سروکار رکھتا ہے، مذہب ماورائے محسوسات کی خبر دیتا ہے۔ دونوں میں دائروں کا تعدد ہوا، مگر تعارض نہیں ہوا، جو کچھ محسوسات سے ماوراء ہے ہم اسے محسوسات سے معارض سمجھ لیتے ہیں۔ اور یہیں سے ہمارے دیدہ کج اندیش کی ساری درماندگیاں شروع ہو جاتی ہیں۔

برچہرہ حقیقت اگر ماند پردۂ

جرم نگاہ دیدہ صورت پرست ماست

بہر حال زندگی کی ناگواریوں میں مذہب کی تسکین صرف ایک سلبی تسکین ہی نہیں ہوتی بلکہ ایجابی تسکین ہوتی ہے۔ کیونکہ وہ ہمیں اعمال کے اخلاقی اقدار (Moral Values) کا یقین دلاتا ہے اور یہی یقین ہے جس کی روشنی کسی دوسری جگہ سے نہیں مل سکتی۔ وہ ہمیں بتلاتا ہے کہ زندگی ایک فریضہ ہے جسے انجام دینا ہے۔ ایک بوجھ ہے جسے اٹھانا چاہیے۔

جلوہ کاروان مانیست بہ نالۂ جرس

عشق تو راہ می برد، شوق توزاد می دہد

لیکن کیا یہ بوجھ کانٹوں پر چلے بغیر نہیں اٹھایا جا سکتا؟

نہیں اٹھایا جا سکتا کیونکہ یہاں خود زندگی کے تقاضے ہوئے جن کا ہمیں جواب دینا ہے۔ اور خود زندگی کے مقاصد ہوئے جن کے پیچھے والہانہ دوڑنا ہے۔ جن باتوں کو ہم زندگی کی راحتوں اور لذتوں سے تعبیر کرتے ہیں۔ وہ ہمارے لیے راحتیں اور لذتیں ہی کب رہیں گی۔ اگر ان تقاضوں اور مقصدوں سے منہ موڑ لیں؟ بلاشبہ یہاں زندگی کا بوجھ اٹھا کے کانٹوں کے فرش پر دوڑنا پڑا۔ لیکن اس لیے دوڑنا پڑا کہ دیبا و مخمل کے فرش پر چل کر ان تقاضوں کا جواب نہیں دیا جا سکتا تھا۔ کانٹے کبھی دامن سے الجھیں گے کبھی تلوؤں میں چبھیں گے لیکن مقصد کی خلش جو پہلوئے دل میں چبھتی رہے گی، نہ دامن تار تار کی خبر لینے دے گی، نہ زخمی تلوؤں کی۔

معشوق در میانۂ جاں مدعی کجاست

گل در دماغ می دمد آسیب خار چیست؟

اور پھر زندگی کی جن حالتوں کو ہم راحت و الم سے تعبیر کرتے ہیں۔ ان کی حقیقت بھی اس سے زیادہ کیا ہوئی کہ اضافت کے کرشموں کی ایک صورت گری ہے؟ یہاں نہ مطلق راحت ہے نہ مطلق الم۔ ہمارے تمام احساسات سر تا سر اضافی ہیں۔

دویدن، رفتن، استادن، نشستن، خفتن، مردن

اضافتیں بدلتے جاؤ۔ راحت والم کی نوعیتیں بدلتی جائیں گی۔ یہاں ایک ہی ترازو لے کر ہر طبیعت اور ہر حالت کا احساس نہیں تولا جس سکتا۔ ایک دہقان کی راحت و الم تولنے کے لیے جس ترازو سے ہم کام لیتے ہیں۔ اس سے فنون لطیفہ کے ماہر کا معیار راحت و الم نہیں تول سکیں گے۔ ایک ریاضی دان کو ریاضی کا ایک مسئلہ حل کرنے میں جو لذت ملتی ہے وہ ایک ہوس پرست کو شبستان عشرت کی سیہ مستیوں میں کب مل سکے گی؟ کبھی ایسا ہوتا ہے کہ پھولوں کی سیج پر لوٹتے ہیں اور چین نہیں پاتے۔ کبھی ایسا ہوتا ہے کہ کانٹوں پر دوڑتے ہیں اور اس کی ہر چبھن میں راحت سرور کی ایک نئی لذت پانے لگتے ہیں۔

بہریک گل، زحمت صد خار می باید کشید

راحت والم کا احساس ہمیں باہر سے لا کر کوئی نہیں دیا کرتا۔ یہ خود ہمارا ہی احساس ہے جو کبھی زخم لگاتا ہے کبھی مرہم بن جاتا ہے۔ طلب و سعی کی زندگی بجائے خود زندگی کی سب سے بڑی لذت ہے۔ بشرطیکہ کسی مطلوب کی راہ میں ہو،

رہرواں را خستگی راہ نیست

عشق ہم راہ ست و ہم خود منزل ست

اور یہ جو کچھ کہہ رہا ہوں۔ فلسفہ نہیں ہے زندگی کے عام واردات ہیں۔ عشق و محبت کے واردات کا میں حوالہ نہیں دوں گا کیونکہ وہ ہر شخص کے حصے میں نہیں آ سکتے۔ لیکن رندی اور ہوسناکی کے کوچوں کی خبر رکھنے والے تو بہت نکلیں گے۔ وہ خود اپنے دل سے پوچھ دیکھیں کہ کسی کی راہ میں رنج والم کی تلخیوں نے کبھی خوشگواریوں کے مزے بھی دیئے تھے یا نہیں؟

حریف کاوش مژگان خونریزش نہ ناصح
بدست آور رگ جانے و نشتر را تماشا کن

زندگی بغیر کسی مقصد کے بسر نہیں کی جا سکتی۔ کوئی اٹکاؤ، کوئی لگاؤ، کوئی بندھن ہونا چاہیئے۔ جس کی خاطر زندگی کے دن کاٹے جا سکیں۔ یہ مقصد مختلف طبیعتوں کے سامنے مختلف شکلوں میں آتا ہے۔

زاہد بہ نماز و روزہ ضبطے دارد
سرمد بہ مئے و پیالہ ربطے دارد

کوئی زندگی کی کاربرآریوں ہی کو مقصد زندگی سمجھ کر ان پر قانع ہو جاتا ہے۔ کوئی ان پر قانع نہیں ہو سکتا۔ جو قانع نہیں ہو سکتے ان کی حالتیں بھی مختلف ہوئیں۔ اکثروں کی پیاس ایسے مقصدوں سے سیراب ہو جاتی ہے جو انہیں مشغول رکھ سکیں۔ لیکن

طبیعتیں ایسی بھی ہوتی ہیں جن کے لیے صرف مشغولیت کافی نہیں ہو سکتی۔ وہ زندگی کا اضطراب بھی چاہتی ہیں۔

نہ داغ تازہ می کارد، نہ زخم کہنہ می خارد
بدہ یارب، دلے کیں صورت بے جاں نمی خواہم

پہلوں کے لیے جود بستگی اس میں ہوئی کہ مشغول رہیں، دوسروں کے لیے اس میں ہوئی کہ مضطرب رہیں۔

دریں چمن کہ ہوا داغ شبنم آرائی ست
تسلیے بہ ہزار اضطراب می بافند

ایک خنک اور نا آشنائے شورش مقصد سے ان کی پیاس نہیں بجھ سکتی۔ انہیں ایسا مقصد چاہیئے جو اضطراب کے انگاروں سے دہک رہا ہو۔ جو ان کے اندر شورش و مستی کا ایک تہلکہ مچا دے۔ جس کے دامن ناز کو پکڑنے کے لیے وہ ہمیشہ اپنا گریبان وحشت چاک کرتے رہیں۔

دامن اس کا تو بھلا دور ہے، اے دست جنوں
کیوں ہے بیکار، گریباں تو مرا دور نہیں

ایک ایسا بلائے جاں مقصد جس کے پیچھے انہیں دیوانہ وار دوڑنا پڑے، جو دوڑنے والوں کو ہمیشہ نزدیک دکھائی دے۔ اور ہمیشہ دور بھی ہوتا رہے۔ نزدیک اتنا کہ جب چاہیں ہاتھ بڑھا کر پکڑلیں، دور اتنا کہ اس کی گرد راہ کا بھی سراغ نہ پاسکیں۔

با من آویزش او الفت موج ست و کنار

دم بدم با من و ہر لحظہ گریزاں از من

پھر نفسیاتی نقطہ نگاہ سے دیکھئے تو معاملہ کا ایک اور پہلو بھی ہے۔ جسے صرف تہہ رس نگاہیں ہی دیکھ سکتی ہیں۔ یکسانی، اگرچہ سکون و راحت کی ہو، یکسانی ہوئی اور یکسانی بجائے خود زندگی کی سب سے بڑی بے نمکی ہے۔ تبدیلی اگرچہ سکون سے اضطراب کی ہو مگر پھر تبدیلی ہے اور تبدیلی بجائے خود زندگی کی ایک بڑی لذت ہوئی۔ عربی میں کہتے ہیں "حمضوا مجالسکم" اپنی مجلسوں کا ذائقہ بدلتے رہو۔ سو یہاں زندگی کا مزہ بھی انہی کو مل سکتا ہے جو اس کی شیرینیوں کے ساتھ اس کی تلخیوں کے بھی گھونٹ لیتے رہتے ہیں۔ اور اس طرح زندگی کا ذائقہ بدلتے رہتے ہیں۔ ورنہ وہ زندگی ہی کیا جو ایک ہی طرح کی صبحوں اور ایک ہی طرح کی شاموں میں بسر ہوتی رہے؟ خواجہ درد کیا خوب کہہ گئے ہیں۔

آجائے ایسے جینے سے اپنا تو جی بتنگ

آخر جیے گا کب تلک، اے خضر: مر کہیں

یہاں پانے کا مزہ انہیں کو مل سکتا ہے جو کھونا جانتے ہیں۔ جنہوں نے کچھ کھویا ہی نہیں، انہیں کیا معلوم کہ پانے کے معنی کیا ہوتے ہیں؟ نظیری کی نظر اسی حقیقت کی طرف گئی تھی۔

آنکہ او در کلبۂ احزاں پسر گم کردہ یافت

تو کہ چیزے گم نہ کردی، از کجا پیدا شود

اور پھر غور و فکر کا ایک قدم اور آگے بڑھایئے تو خود ہماری زندگی بھی حرکت و اضطراب کے ایک تسلسل کے سوا اور کیا ہے؟ جس حالت کو ہم سکون سے تعبیر کرتے ہیں۔ اگر چاہیں تو اسی کو موت سے تعبیر کر سکتے ہیں۔ موج جب تک مضطرب ہے، زندہ ہے۔ آسودہ ہوئی اور معدوم ہوئی۔ فارسی کے ایک شاعر نے دو مصرعوں کے اندر سارا فلسفہ حیات ختم کر دیا تھا۔

موجیم کہ آسودگی ما عدمِ ماست

ما زندہ ازانیم کہ آرام نگیریم

اور پھر یہ راہ اس طرح بھی طے نہیں کی جا سکتی کہ اس کے اٹکاؤ کے ساتھ دوسرے لگاؤ بھی لگائے رکھیے۔ راہ مقصد کی خاک بڑی ہی غیور واقع ہوئی ہے۔ وہ رہرو کی جبین

نیاز کے سارے سجدے اس طرح کھینچ لیتی ہے کہ پھر کسی دوسری چوکھٹ کے لیے کچھ باقی ہی نہیں رہتا۔ دیکھیے، میں نے یہ تعبیر غالب سے مستعار لی۔

خاک کویش خود پسند افتاد در جذب سجود

سجدہ از بہر حرم نہ گزاشت در سیمائے من

مقصود اس تمام دراز نفسی سے یہ تھا کہ آج اپنے اوراق فکر پریشاں کا ایک صفحہ آپ کے سامنے کھول دوں۔

لختے ز حال خویش بہ سیما نوشتہ ایم

اس میکدہ ہزار شیوہ و رنگ میں گرفتار دام تخیل نے اپنی خود فراموشیوں کے لیے کوئی نہ کوئی جام سرشاری سامنے رکھ لیا ہے اور اسی میں بےخود رہتا ہے۔

ساقی بہ ہمہ بادہ زیک خم دہد امّا

در مجلس او مستی ہر یک ز شرابے ست

کوئی اپنا دامن پھولوں سے بھرنا چاہتا ہے۔ کوئی کانٹوں سے، اور دونوں میں سے کوئی بھی پسند نہیں کرے گا کہ تہی دامن رہے۔ جب لوگ کامجوئیوں اور خوش وقتیوں کے پھول چن رہے تھے تو ہمارے حصے میں تمناؤں اور حسرتوں کے کانٹے آئے۔

انہوں نے پھول چن لیے اور کانٹے چھوڑ دیے۔ ہم نے کانٹے چن لیے اور پھول چھوڑ دیئے۔

زخار زار محبت دل تیرا چہ خبر
کہ گل بہ جیب نہ گنجد قبائے تنگ ترا

ابوالکلام

خط نمبر ۷

قلعہ احمد نگر

۱۵ اگست ۱۹۴۲ء

مارا زبان شکوہ ز بیداد چرخ نیست
از ماخطے بہ مہر خموشی گرفتہ اند

صدیق مکرم

وہی صبح چار بجے کا جانفزا وقت ہے۔ صراحی لبریز ہے اور جام آمادہ۔ ایک دور ختم کر چکا ہوں دوسرے کے لیے ہاتھ بڑھا رہا ہوں۔

دریں زمانہ رفیقے کہ خالی از خلل ست
صراحی مے ناب و سفینہ غزل ست
جریدہ رو کہ گزرگاہ عافیت تنگ ست
پیالہ گیر کہ عمر عزیز بے بدل ست

طبیعت وقت کی کشاکش سے یک قلم فارغ اور دل فکرایں وآں سے بکلی آسودہ ہے۔ اپنی حالت دیکھتا ہوں تو وہ عالم دکھائی دیتا ہے۔ جس کی خبر خواجہ شیراز نے چھ سو سال پہلے دے دی تھی۔ زندگی کے چالیس سال طرح طرح کی کاوشوں میں بسر ہوئے مگر اب دیکھا تو معلوم ہوا کہ ساری کاوشوں کا حل اس کے سوا کچھ نہ تھا کہ صبح کا جانفزا وقت ہو اور چین کی بہترین چائے کے پے در پے فنجان۔

چل سال رنج و غصہ کشیدیم و عاقبت

تدبیر ما بدست شراب دو سالہ بود

آج تین بجے سے کچھ پہلے آنکھ کھل گئی تھی۔ صحن میں نکلا تو ہر طرف سناٹا تھا۔ صرف احاطہ کے باہر سے پہرہ دار کی گشت و بازگشت کی آوازیں آ رہی تھیں۔ یہاں رات کو احاطہ کے اندر وارڈروں کا تین تین تین گھنٹے کا پہرہ لگا کرتا ہے۔ مگر بہت کم جاگتے ہوئے پائے جاتے ہیں۔ اس وقت بھی سامنے کے برآمدے میں ایک وارڈر کمبل بچھائے لیٹا تھا اور زور زور سے خراٹے لے رہا تھا۔ بے اختیار مومن خان کا شعر یاد آ گیا۔

ہے اعتماد مرے بخت خفتہ پر کیا کیا

وگرنہ خواب کہاں چشم پاسباں کے لیے

زندانیوں کے اس قافلہ میں کوئی نہیں جو سحر خیزی کے معاملہ میں میرا شریک حال ہو۔ سب بے خبر سو رہے ہیں۔ اور اسی وقت میٹھی نیند کے مزے لیتے ہیں۔

دائم کسے بقافلہ بود ست پاسباں
بیدار شو کہ چشم رفیقاں بخواب شد

سونچتا ہوں تو زندگی کی بہت سی باتوں کی طرح اس معاملہ میں ساری دنیا سے الٹی ہی چال میرے حصے میں آئی۔ دنیا کے لیے سونے کا جو وقت سب سے بہتر ہوا، وہی میرے لیے بیداری کی اصلی پونجی ہوئی۔ لوگ ان گھڑیوں کو اس لیے عزیز رکھتے ہیں کہ میٹھی نیند کے مزے لیتے ہیں۔ میں اس لیے عزیز رکھتا ہوں کہ بیداری کی تلخ کامیوں سے لذت یاب ہوتا رہوں۔

خلق را بیدار باید بود ز آب چشم من
ویں عجب کاں دم کہ می گریم کسے بیدار نیست

ایک بڑا فائدہ اس عادت سے یہ ہوا کہ میری تنہائی میں اب کوئی خلل نہیں ڈال سکتا۔ میں نے دنیا کو ایسی جراتوں کا سرے سے موقع ہی نہیں دیا۔ وہ جب جاگتی ہے تو میں سو رہتا ہوں۔ جب سو جاتی ہے تو اٹھ بیٹھتا ہوں۔

خواب غفلت ہمہ را بردہ و بیدار یکے ست

خلائق کے کتنے ہی ہجوم میں ہوں لیکن اپنا وقت صاف بچالے جاتا ہوں۔ کیونکہ میری اس خلوت درانجمن پر کوئی ہاتھ نہیں ڈال ہی نہیں سکتا۔ میرے عیش و طرب کی بزم اس وقت آراستہ ہوتی ہے جب نہ کوئی آنکھ دیکھنے والی ہوتی ہے نہ کوئی کان سننے والا۔ رضی دانش نے میری زبان سے کہا تھا۔

خوش زمزمۂ گوشۂ تنہائی خویشم

ازجوش وخروش گل و بلبل خبرم نیست

ایک بڑا فائدہ اس سے یہ ہوا کہ دل کی انگیٹھی ہمیشہ گرم رہنے لگی۔ صبح کی اس مہلت میں تھوڑی سی آگ جو سلگ جاتی ہے۔ اس کی چنگاریاں بجھنے نہیں پاتیں۔ راکھ کے تلے دبی دبائی کام کرتی رہتی ہیں۔

ازاں بہ دیر مغانم عزیز می دارند

کہ آتشے کہ نہ میرد، ہمیشہ دردل ماست

دن بھر اگر سوز و تپش کا سامان نہ بھی ملے، جب بھی چولہے کے ٹھنڈے پڑ جانے کا اندیشہ نہ رہا۔ عرفی کیا خوب بات کہہ گیا ہے۔

سینۂ گرم نہ داری مَطلب صحبت عشق

آتشے نیست چو در مجمرہ ات عود مخر

اس سحر خیزی کی عادت کے لیے والد مرحوم کا منت گزار ہوں۔ ان کا معمول تھا کہ رات کی پچھلی پہر ہمیشہ بیداری میں بسر کرتے۔ بیماری کی حالت بھی اس معمول میں فرق نہیں ڈال سکتی تھی۔ فرمایا کرتے تھے کہ رات کو جلد سونا اور صبح جلد اٹھنا زندگی کی سعادت کی پہلی علامت ہے۔ اپنی طالب علمی کے زمانے کے حالات سناتے کہ دہلی میں مفتی صدرالدین مرحوم سے صبح کی سنت و فرض کے درمیان سبق لیا کرتا تھا اور اس امتیاز پر نازاں رہتا تھا۔ کیونکہ وہ چاہتے تھے۔ مجھے خصوصیت کے ساتھ اوروں سے علیحدہ سبق دیں۔ اوراس کے لیے صرف وہی وقت نکل سکتا تھا۔ یہ بھی فرماتے کہ یہ فیض مجھے اپنے نانا رکن المدرسین سے ملا۔ وہ بھی شاہ عبدالعزیز سے علی الصباح سبق لیا کرتے تھے اور پچھلی پہر سے اٹھ کر اس کی تیاری میں لگ جاتے تھے۔ پھر خواجہ شیراز کا یہ مقطع ذوق لے لے کر پڑھتے۔

مرو بخواب کہ حافظ بہ بارگاہ قبول

زدرد نیم شب و درس صبح گاہ رسید

میری ابھی دس گیارہ برس کی عمر ہوگی کہ یہ باتیں کام کر گئی تھیں۔ بچپنے کی نیند سر پر سوار رہتی تھی مگر میں اس سے لڑتا رہتا تھا۔ صبح اندھیرے میں اٹھتا اور شمع دان روشن کر کے اپنا سبق یاد کرتا۔ بہنوں سے منتیں کیا کرتا تھا کہ صبح آنکھ کھلے تو مجھے جگا

دینا۔ وہ کہتی تھیں یہ نئی شرارت کیا سوجھی ہے۔ اس خیال سے کہ میری صحت کو نقصان نہ پہنچے، والد مرحوم روکتے لیکن مجھے کچھ ایسا شوق پڑگیا تھا کہ جس دن دیر سے آنکھ کھلتی دن بھر پشیمان سا رہتا۔ آنے والی زندگی میں جو معاملات پیش آنے والے تھے۔ یہ ان سے میرا پہلا سابقہ تھا۔

اتانی ھواھا قبل ان اعرف الھوٰی

فصادف قلباً فارغاً فتمکنا

دیکھیے، یہاں "پہلا سابقہ" لکھتے ہوئے میں نے عربی کی ترکیب "کان اول عھدی بھا" کا بلاقصد ترجمہ کردیا کہ دماغ میں بسی ہوئی تھی۔ یہ سطریں لکھ رہا ہوں اور عالم تنہائی کی خلوت اندوزیوں کا پورا پورا لطف اٹھا رہا ہوں۔ گویا ساری دنیا میں اس وقت میرے سوا کوئی نہیں بستا۔ کہہ نہیں سکتا، تنہائی کا یہ احساس میری طبع خلوت پرست کی جولانیوں کو کہاں سے کہاں پہنچادیا کرتا ہے۔ بیدل کی خیال بندیوں کا غلو بے کیف ہو۔ لیکن اس کی بحر طویل کی بعض غزلیں کیف سے خالی نہیں ہیں۔

ستم ست گر ہوست کشد کہ بہ سیر سرو و سمن درآ

توز غنچہ کم نہ دمیدہ، در دل کشا، بہ چمن درآ

پےٴ نافہ ہائے خجستہ بو، مپسند زحمت جستجو

بخیال حلقۂ زلف او، گرہے خورد بہ ختن در آ

پانچ بجے سے قلعہ میں ٹینکوں کے چلانے کی مشق شروع ہوتی ہے۔ اور گھڑ گھڑ کی آواز آنے لگتی ہے۔ مگر اس میں ابھی دیر ہے۔ چار بجے دودھ کی لاری آتی ہے اور چند لمحوں کے لیے صبح کا سکون ہنگامہ سے بدل دیتی ہے۔ وہ ابھی چند منٹ ہوئے آئی تھی اور واپس گئی ہے۔ اگر اس وقت کے سناٹے میں کوئی آواز مخل ہو رہی ہے تو وہ صرف جواہر لال کے ہلکے خراٹوں کی آواز ہے۔ وہ ہمسایہ میں سو رہے ہیں۔ صرف لکڑی کا ایک پردہ حائل ہے۔ خراٹے جب تھمتے ہیں تو حسب معمول نیند میں بڑبڑانے لگتے ہیں۔ یہ بڑبڑانا ہمیشہ انگریزی میں ہوتا ہے۔

یارما ایں دارد و آں نیز ہم

موتمن الدولہ اسحاق خان شوستری محمد شاہی امراء میں سے تھا۔ اس کا ایک مطلع آپ نے تذکروں میں دیکھا ہو گا۔ ضلع جگت کی صنعت گری کے سوا کچھ نہیں ہے۔ مگر جب کبھی جواہر لال کو انگریزی میں بڑبڑاتے سنتا ہوں تو بے اختیار یاد آ جاتا ہے۔

زبسکہ در دل تنگم خیال آں گل بود
نفیر خواب من امشب صفیر بلبل بود

یہ نیند میں بڑبڑانے کی حالت بھی عجیب ہے۔ یہ عموماً انھی طبیعتوں پر طاری ہوتی ہے جن میں دماغ سے زیادہ جذبات کام کیا کرتے ہیں۔ جواہر لال کی طبیعت بھی سر تا سر جذباتی واقع ہوئی ہے۔ اس لیے خواب اور بیداری دونوں حالتوں میں جذبات کام کرتے رہتے ہیں۔

یہاں آئے ہوئے ایک ہفتہ سے زیادہ ہو گیا ہے۔ فوجی صیغہ نے ہمارا چارج لے لیا، داخلہ کے وقت فہرست سے مقابلہ کر لیا۔ ہماری حفاظت کا اور دنیا سے بے تعلقی کا جس قدر بندوبست کیا جا سکتا تھا وہ بھی کر لیا لیکن اس سے زیادہ انھیں ہمارے معاملات سے کوئی سروکار معلوم نہیں ہوتا۔ اندر کا تمام انتظام گورنمنٹ بمبئی کے ہوم ڈیپارٹمنٹ نے براہ راست اپنے ہاتھ میں رکھا ہے اور اصلی رشتہ کار مرکزی حکومت کے ہاتھ میں ہے۔

ہمیں یہاں رکھنے کے لیے جو ابتدائی انتظام کیا گیا تھا۔ وہ یہ تھا کہ گرفتاری سے ایک دن پہلے یعنی ۸ اگست کو یرودا سنٹرل جیل پونا سے ایک سینئر جیلر یہاں بھیج دیا گیا۔ دس جیل کے وارڈرز اور پندرہ قیدی کام کاج کے لیے اس کے ساتھ آئے۔ جیلر کو کچھ معلوم نہ تھا کہ کیا صورت حال پیش آنے والی ہے۔ صرف اتنی بات بتلائی گئی تھی کہ ایک ڈیٹنشن کیمپ (Detention Camp) کھل رہا ہے۔ چند دنوں کے لیے دیکھ

بحال کرنی ہوگی۔ ہم پہنچے تو معاملہ ایک دوسری ہی شکل میں نمایاں ہوا۔ اور بیچارہ سراسیمہ ہوکر رہ گیا۔ چونکہ میں نے یہاں آتے ہی اپنا غصہ اس غریب پر نکالا تھا، اس لیئے کئی دن تک منہ چھپائے پھرتا رہا۔ جب اور کچھ نہ بنتی تو ضلع کے کلکٹر کے پاس دوڑا ہوا جاتا۔ وہ اس سے زیادہ بے خبر تھا۔

درہر کس کہ زدم، بے خبر و غافل بود

دوسرے دن کلکٹر اور سول سرجن آئے اور معذرت کر کے چلے گئے۔ سول سرجن ہر شخص کا سینہ ٹھوک بجا کے دیکھتا رہا کہ کیا آواز نکلتی ہے؟ معلوم نہیں پھیپھڑوں کی حالت معلوم کرنی چاہتا تھا یا دلوں کی۔ مجھ سے بھی معائنہ کی درخواست کی۔ میں نے کہا میرا سینہ دیکھنا بے سود ہے۔ اگر دماغ دیکھنے کا کوئی آلہ ساتھ ہے تو اسے کام میں لائیے۔

بجز مسیح از سر ما کشتگان عشق

یک زندہ کردنِ تو بہ صد خوں برابر ست

بہرحال چوتھے دن انسپکٹر جنرل آف پریزن آیا۔ اور گورنمنٹ کے احکام کا پرچہ حوالہ کیا۔ کسی سے ملاقات نہیں کی جا سکتی۔ کسی سے خط و کتابت نہیں کی جا سکتی۔ کوئی اخبار نہیں آ سکتا۔ ان باتوں کے علاوہ اگر کسی اور بات کی شکایت ہو تو حکومت اس پر غور

کرنے کے لیے تیار ہے۔ اب ان باتوں کے بعد اور کونسی بات رہ گئی تھی جس کی شکایت کی جاتی اور حکومت ازراہ عنایت اسے دور کر دیتی؟

زباں جلائی، کیے قطع ہاتھ پہنچوں سے

یہ بندوبست ہوئے ہیں مری دعا کے لیے

انسپکٹر جنرل نے کہا اگر آپ کتابیں یا کوئی اور سامان گھر سے منگوانا چاہیں تو ان کی فہرست لکھ کر مجھے دے دیں۔ گورنمنٹ اپنے طور پر منگوا کر آپ کو پہنچا دے گی۔ چونکہ گرفتاری سفر کی حالت میں ہوئی تھی۔ اس لیے میرے پاس دو کتابوں کے سوا جو راہ میں دیکھنے کے لیے ساتھ رکھ لی تھیں مطالعہ کا کوئی سامان نہ تھا۔ خیال ہوا اگر مکان سے بعض مسودات اور کچھ کتابیں آجائیں تو قید و بند کی یہ فرصت کام میں لائی جائے۔ بظاہر اس خواہش میں کوئی برائی معلوم نہیں ہوئی۔ دنیا را بہ امید خوردہ اند۔ آرزو عیب ندارد۔

نقاب چہرۂ امید باشد گرد نومیدی

غبار دیدۂ یعقوب آخر توتیا گردد

میں نے مطلوبہ اشیاء کا ایک پرچہ لکھ کر اس کے حوالہ کیا اور وہ لے کر چلا گیا لیکن اس

کے جانے کے بعد صورت حال پر زیادہ غور کرنے کا موقعہ ملا تو طبیعت میں ایک خلش سی محسوس ہونے لگی۔ معلوم ہوا کہ یہ بھی دراصل طبیعت کی ایک کمزوری تھی کہ حکومت کی اس رعایت سے فائدہ اٹھانے پر راضی ہو گئی۔ جب عزیز و اقرباء سے بھی ملنے اور خط و کتابت کرنے کی اجازت نہیں دی گئی جس کا حق مجرموں اور قاتلوں تک سے چھینا نہیں جاتا تو پھر یہ توقع کیوں رکھی جائے کہ وہی حکومت گھر سے سامان منگوا کر فراہم کر دے گی؟ ایسی حالت میں عزت نفس کا تقاضا صرف یہی ہو سکتا ہے کہ کوئی آرزو کی جائے نہ کوئی توقع رکھی جائے۔

ز تیغِ بے نیازی ناتوانی قطعِ ہستی کن

فلک تا افگند از پا ترا، خود پیش دستی کن

میں نے دوسرے ہی دن انسپکٹر جنرل کو خط لکھ دیا کہ فہرست کا پرچہ واپس کر دیا جائے۔ جب تک گورنمنٹ کا موجودہ طرزِ عمل قائم رہتا ہے، میں کوئی چیز مکان سے منگوانی نہیں چاہتا۔ یہاں اور تمام ساتھیوں نے بھی یہی طرزِ عمل اختیار کیا:

دامن اس کا تو بھلا دُور ہے اس دستِ جنوں

کیوں ہے بیکار؟ گریباں تو مرا دُور نہیں!

اب چائے کے تیسرے فنجان کے لیے کہ ہمیشہ اس دورِ صبوحی کا آخری جام ہوتا ہے، ہاتھ بڑھاتا ہوں اور یہ افسانہ سرائی ختم کرتا ہوں۔ یادش بخیر، خواجہ شیراز کے پیرِ مے فروش کی موعظت بھی وقت پر کیا کام دے گئی ہے :

وی پیرِ مے فروش کہ ذکرش بخیر باد
گفتا "شراب نوش و غمِ دل ببر زیاد"
گفتم "بباد می دہدم بادہ نام و ننگ"
گفتا "قبول کن سخن و ہر چہ باد باد"
"بے خار گل نہ باشد و بے نیش نوش ہم
تدبیر چیست؟ وضع جہاں ایں چنیں فتاد"
"پر کن ز بادہ جام و دمادم بگوشِ ہوش
بشنو از و حکایت جمشید و کیقباد"

ابوالکلام

خط نمبر ۸

قلعہ احمد نگر

۱۹ اگست ۱۹۴۲ء

چو تخم اشک بہ کلفت سرشتہ اند مرا
بہ نا امیدیِ جاوید کشتہ اند مرا
ز آہِ بے اثرم داغِ خام کاریِ خویش
ز آتشے کہ نہ دارم، برشتہ اند مرا

صدیق مکرم

وہی صبح چار بجے کا وقت ہے۔ چائے سامنے دھری ہے۔ جی چاہتا ہے آپ کو مخاطب تصور کروں اور کچھ لکھوں۔ مگر لکھوں تو کیا لکھوں؟ مرزا غالب نے رنج گراں نشیں کی حکایتیں لکھی تھیں، صبر گریز پا کی شکایتیں کی تھیں:

کبھی حکایتِ رنج گراں نشین لکھیے
کبھی شکایتِ صبرِ گریز پا کہیے

لیکن یہاں نہ رنج کی گراں نشینیاں ہیں کہ لکھوں، نہ صبر کی گریز پائیاں ہیں کہ سناؤں۔ رنج کی جگہ صبر کی گراں نشینیوں کا خوگر ہو چکا ہوں۔ صبر کی جگہ رنج کی گریز پائیوں کا تماشائی رہتا ہوں۔ عرفی کا وہ شعر کیا خوب ہے، جو ناصر علی نے اُس کے تمام کلام سے چنا تھا :

من ازیں رنج گرانبار چہ لذت یابم

کہ بہ اندازۂ آں صبر و ثباتم دادند

اگر اس شعر کو اپنی حالت پر ڈھالنے کی کوشش کروں تو یہ ایک طرح کی خودستائی اور خویشتن بینی کی بے صرفگی سمجھی جائے گی۔ لیکن یہ کہنے میں کیا عیب ہے کہ اس مقام کی لذت شناسی سے بے بہرہ نہیں ہوں اور اس کا آرزومند رہتا ہوں۔ اسی عرفی نے یہ بھی تو کہا ہے :

منکر نہ تواں گشت اگر دم زنم از عشق

ایں نشہ بہ من گر نہ بود، باد گرے ہست

یہاں پہنچنے کے بعد چند دنوں تک تو صرف جیلر ہی سے سابقہ رہا۔ ایک دو مرتبہ کلکٹر اور سول سرجن بھی آئے۔ پھر جس دن انسپکٹر جنرل آیا، اُسی دن ایک اور شخص بھی اُس کے ہمراہ آیا۔ معلوم ہوا آئی ایم ایس سے تعلق رکھتا ہے۔ میجر ایم سینڈک (.M

Sendak) نام ہے اور یہاں کے لیے سپر نٹنڈنٹ مقرر ہوا ہے۔ میں نے جی میں کہا یہ سینڈک، یینڈک کون کہے؟ کوئی اور نام ہونا چاہیے جو ذرا مانوس اور رواں ہو۔ معاً حافظہ نے یاد دلایا کہیں نظر سے گزرا تھا کہ چاند بی بی کے زمانے میں اس قلعہ کا قلعہ دار چیتہ خان نامی ایک حبشی تھا۔ میں نے اِن حضرت کا نام چیتہ خان ہی رکھ دیا کہ اول بہ آخر نسبتے دارد:

نام اُس کا آسماں ٹھہرالیا تحریر میں

ابھی دو چار دن بھی نہیں گزرے تھے کہ یہاں ہر شخص کی زبان پر چیتہ خان تھا۔ قیدی اور وارڈرز بھی اسی نام سے پکارنے لگے۔ کل جیلر کہتا تھا کہ آج چیتہ خان وقت سے پہلے گھر چلا گیا۔ میں نے کہا چیتہ خان کون؟ کہنے لگا میجر اور کون؟

ماہیچ نہ گفتیم و حکایت بدر افتاد

بہر حال غریب جیلر کی جان چھٹی، اب سابقہ چیتہ خان سے رہتا ہے۔ جب جاپانیوں نے انڈیمین پر قبضہ کیا تھا تو یہ وہیں متعین تھا۔ اس کا تمام سامان غارت گیا۔ اپنی بربادیوں کی کہانیاں یہاں لوگوں کو سناتا رہتا ہے۔

اگر ما دردِ دل داریم، زاہد دردِ دیں دارد

اِس مرتبہ سب سے زیادہ اہتمام اس بات کا کیا گیا ہے کہ زندانیوں کا کوئی تعلق باہر کی دُنیا سے نہ رہے، حتیٰ کہ باہر کی پرچھائیں بھی یہاں نہ پڑنے پائے۔ غالباً ہمارا محل قیام بھی پوشیدہ رکھا گیا ہے۔ اب گویا احمد نگر بھی جنگ کے پراسرار مقامات کی طرح "سم ویران انڈیا" (Some Where in India) کے حکم میں داخل ہوگیا، دیکھیے ناسخ کا ایک فرسودہ شعر یہاں کیا کام دے گیا ہے:

ہم سا کوئی گمنام زمانے میں نہ ہوگا

گم ہو وہ نگیں جس پہ کھدے نام ہمارا

قلعہ کی جس عمارت میں ہم رکھے گئے ہیں، یہاں غالباً چھاؤنی کے افسر رہا کرتے تھے۔ گاہ گاہ جنگی قیدیوں کے لیے بھی اسے کام میں لایا گیا ہے۔ جنگ بوئر کے زمانے میں جو قیدی ہندوستان لائے گئے تھے اُن کے افسروں کا ایک گروہ یہیں رکھا گیا تھا۔ گزشتہ جنگ میں بھی ہندوستان کے جرمن یہیں نظر بند کیے گئے اور موجودہ جنگ میں بھی اطالوی افسروں کا ایک گروہ جو مصر سے لایا گیا تھا، یہیں نظر بند رہا۔

چیتہ خان کہتا ہے کہ ہمارے آنے سے پہلے یہاں فوجی افسروں کی ٹریننگ کے لیے ایک کلاس کھولی گئی تھی۔ کل میرے کمرے کی الماری ہٹا کر اس نے دکھایا کہ ایک بڑا

سیاہ بورڈ دیوار پر بنا ہے۔ میں نے جی میں کہا، غالباً اسی لیے ہمیں یہاں لاکر رکھا گیا ہے کہ ابھی درس گاہِ جنون و وحشت کے کچھ سبق باقی رہ گئے تھے :

دریں تعلیم شد عمر و ہنوز ابجد ہمی خوانم

نہ دانم کے سبق آموز خواہم شد بہ دیوانش

احاطہ کے مغربی رخ پر جو کمرے ہیں اور جو ہمیں رہنے کے لیے دیے گئے ہیں ان کی کھڑکیاں قلعہ کے احاطے میں کھلتی ہیں۔ کھڑکیوں کے اوپر روشندان بھی ہیں۔ اس خیال سے کہ ہماری طرح ہماری نگاہیں بھی باہر نہ جا سکیں، تمام کھڑکیاں دیواریں چن کر بند کر دی گئی ہیں۔ دیواریں ہمارے آنے سے ایک دن پہلے چنی گئی ہوں گی کیونکہ جب ہم آئے تھے تو سفیدی خشک ہوئی تھی۔ ہاتھ پڑ جاتا تو اپنا نقش بٹھا دیتا اور نقش اس طرح بیٹھتا کہ پھر اٹھتا نہیں :

ہر داغِ معاصی مرا اس دامنِ تر سے

جوں حرفِ سرِ کاغذِ نم اُٹھ نہیں سکتا

دیواریں اس طرح چنی گئی ہیں کہ اوپر تلے، داہنے بائیں کوئی رخنہ باقی نہ چھوڑا۔ روشندان اس طرح چھپ گئے۔ یہ ظاہر ہے کہ اگر کھڑکیاں کھلی بھی ہوتیں تو کون سا بڑا میدان سامنے کھل جاتا۔ زیادہ سے زیادہ یہ کہ قلعہ کی سنگی دیواروں تک نگاہیں

جاتیں اور ٹکرا کر واپس آ جاتیں۔ لیکن ہماری نگاہوں کی اتنی رسائی بھی خطرناک سمجھی گئی۔ روشندان کے آئینے تک بند کر دیے گئے:

ہوسِ گل کا تصور میں بھی کھٹکا نہ رہا
عجب آرام دیا بے پروبالی نے مجھے

قلعہ کے دروازے کی شب و روز پاسبانی کی جاتی ہے اور قلعہ کے اندر بھی مسلح سنتری چاروں طرف پھرتے رہتے ہیں۔ پھر بھی ہماری حفاظت کے لیے مزید روک تھام ضروری سمجھی گئی۔ ہمارے احاطہ کا شمالی رخ پہلے کھلا تھا، اب دس دس فٹ اونچی دیواریں کھینچ دی گئی ہیں اور ان میں دروازہ بنایا گیا ہے، اور اس دروازے پر بھی رات دن مسلح فوجی پہرہ رہتا ہے۔ فوج یہاں تمام تر انگریز سپاہیوں کی ہے۔ وہی ڈیوٹی پر لگائے جاتے ہیں۔ جیلر اور ایک وارڈر کے سوا جسے بازار سے سودا سلف لانے کے لیے نکلنا پڑتا ہے اور کوئی شخص باہر نہیں جا سکتا۔ یہ بھی ضروری ہے کہ جو کوئی دروازے پر سے گزرے سنتری کو جامہ تلاشی دے۔ وارڈر کو ہر مرتبہ برہنہ ہو کر تلاشی دینی پڑتی ہے۔ وہ جیلر کے پاس جا جا کر روتا ہے مگر کوئی شنوائی نہیں ہوتی۔ پہلے دن جیلر نکلا تھا تو اس سے بھی جامہ تلاشی کا مطالبہ کیا گیا تھا کہ "ایں ہم بچۂ شتر ست"۔

بازار سے سودا سلف لانے کا انتظام یوں کیا گیا ہے کہ قلعہ کے دروازے کے پاس فوجی ادارہ کا ایک دفتر ہے۔ یہاں کے سپرنٹنڈنٹ کا آفس ٹیلی فون کے ذریعہ اس سے جوڑ دیا گیا ہے۔ جب بازار سے کوئی چیز آتی ہے تو پہلے وہاں روکی جاتی ہے اور اس کی دیکھ بھال ہوتی ہے۔ پھر وہاں کا متعینہ افسر سپرنٹنڈنٹ کو فون کرتا ہے کہ فلاں چیز اس طرح کی اور اس شکل میں آئی ہے۔ مثلاً ٹوکری میں ہے، رومال میں بندھی ہے یا ٹین کا ڈبہ ہے۔ اس اطلاع کے ملنے پر یہاں سے جیلر احاطہ کے دروازے پر جاتا ہے اور نشان زدہ سامان سپرنٹنڈنٹ کے آفس میں اٹھوا لے جاتا ہے۔ اب یہاں پھر دوبارہ دیکھ بھال کی جاتی ہے۔ اگر ٹوکری ہے تو اسے خالی کر کے اُس کا ہر حصہ اچھی طرح دیکھ لیا جائے گا کہ اِدھر اُدھر کوئی پرچہ تو چھپا ہوا نہیں ہے۔ شکر اور آٹے کی خاص طور پر دیکھ بھال کی جاتی ہے کیونکہ ان کی تہ میں بہت کچھ چھپا کر رکھ دیا جا سکتا ہے۔

وارڈر جو پونا سے یہاں لائے گئے ہیں، وہ آئے تو تھے قیدیوں کی نگرانی کرنے مگر اب خود قیدی بن گئے ہیں۔ نہ تو احاطہ سے باہر قدم نکال سکتے ہیں نہ گھر سے خط و کتابت کر سکتے ہیں۔ جیلر کو بھی گھر خط لکھنے کی اجازت نہیں کیونکہ ہو سکتا ہے انہی راہوں سے کوئی خبر باہر پہنچ جائے۔ وہ روتا رہتا ہے کہ مجھے صرف ایک دن کی چھٹی

ہی مل جائے کہ پونا ہو آؤں، مگر کوئی شنوائی نہیں ہوتی۔ یہاں جسے دیکھو ہائے ہائے کر رہا ہے:

شبنم خرابِ مہر، کتاں سینہ چاکِ ماہ
لو اور بھی ستم زدۂ روزگار ہیں!

اس صورتِ حال نے یہاں کی ضروریات کی فراہمی میں عجیب عجیب الجھاؤ ڈال دیے ہیں۔ چیتہ خان جب دیکھو کسی نہ کسی گرہ کے کھولنے میں الجھا ہوا ہے مگر گرہیں ہیں کہ کھلنے کا نام نہیں لیتیں۔ سب سے پہلا مسئلہ باورچی کا پیش آنا تھا اور پیش آیا۔ باہر کا کوئی آدمی رکھا نہیں جا سکتا کیونکہ وہ قیدی بن کر کیوں رہنے لگا؟ اور قیدیوں میں ضروری نہیں کہ باورچی نکل آئے۔ قیدی باورچی جبھی مل سکتا ہے کہ پہلے کوئی قرینہ کا باورچی ذوق جرائم پیشگی میں اتنی ترقی کرے کہ پکڑا جائے اور پکڑا بھی جائے کسی اچھے خاصے جرم میں کہ اچھی مدت کے لیے سزا دی جا سکے۔ لیکن ایسا حسن اتفاق گاہ گاہ ہی پیش آ سکتا ہے اور آج کل تو سوءِ اتفاق سے ایسا معلوم ہوتا ہے کہ اِس علاقہ کے باورچیوں میں کوئی مرد میدان رہا ہی نہیں۔ انسپکٹر جنرل جب آیا تھا تو کہتا تھا یروداجیل میں ہر گروہ اور پیشے کے قیدی موجود ہیں مگر باورچیوں کا کال ہے۔ نہیں معلوم ان کم بختوں کو کیا ہو گیا ہے:

کس نہ دارد ذوقِ مستی، مے گساراں را چہ شد

جو قیدی یہاں جن کر کام کرنے کے لیے بھیجے گئے ہیں، اِن میں سے دو قیدیوں پر باورچی ہونے کی تہمت لگائی گئی ہے :

ستم رسیدہ یکے، ناامیدوار یکے

حالانکہ دونوں اس الزام سے بالکل معصوم واقع ہوئے ہیں اور زبان حال سے نظیری کا یہ شعر دہرا رہے ہیں۔ داد دیجیے گا، کہاں کی بات کہاں لا کر ڈالی ہے، اور کیا بر محل بیٹھی ہے :

تا منفعل ز رنجشِ بے جا نہ بینمش

می آرم اعترافِ گناہِ نہ بودہ را

چیتہ خان یہاں آتے ہی اس عقدۂ لا ینحل کے پیچھے پڑ گیا تھا۔ روز اپنی طلب و جستجو کی ناکامیوں کی کہانی سناتا :

اگر دستے کنم پیدا، نمی یابم گریباں را

ایک دن خوش خوش آیا اور یہ خبر سنائی کہ ایک بہت اچھے باورچی کا شہر میں انتظام ہو گیا ہے۔ کلکٹر نے ابھی فون کے ذریعہ خبر دی ہے کہ کل سے کام پر لگ جائے گا :

صبا بہ خوش خبری ہدہدِ سلیماں ست

کہ مژدۂ طرب از گلشنِ سبا آورد

دوسرے دن کیا دیکھتا ہوں کہ واقعی ایک جیتا جاگتا آدمی اندر لایا گیا ہے۔ معلوم ہوا طباخِ موعود یہی ہے:

آخر آمد زپسِ پردۂ تقدیر پدید

مگر نہیں معلوم اس غریب پر کیا بیتی تھی کہ آنے کو تو آ گیا لیکن کچھ ایسا کھویا ہوا اور سراسیمہ حال تھا جیسے مصیبتوں کا پہاڑ سر پر ٹوٹ پڑا ہو۔ وہ کھانا کیا پکاتا اپنے ہوش و حواس کا مسالہ کوٹنے لگا:

اُڑنے سے پیشتر ہی مرا رنگ زرد تھا

بعد کو اس معاملہ کی جو تفصیلات کھلیں، اُن سے معلوم ہوا کہ یہ شکار واقعی کلکٹر ہی کے جال میں پھنسا تھا۔ کچھ اس کے زورِ حکومت نے کام دیا، کچھ ساٹھ روپے ماہانہ کی تنخواہ کی ترغیب نے اور یہ اجل رسیدہ دام میں پھنس گیا۔ اگر اسے بعافیت قلعہ میں فوراً پہنچا دیا جاتا تو ممکن ہے کہ کچھ دنوں تک جال میں پھنسا رہتا لیکن اب ایک اور مشکل پیش آ گئی۔ یہاں کے کمانڈنگ آفیسر سے باورچی رکھنے کے بارے میں ابھی بات چیت ختم نہیں ہوئی تھی۔ وہ پونا کے صدر دفتر کی ہدایت کا انتظار کر رہا تھا اور اس لیے اس شکار کو فوراً قلعہ کے اندر لے نہیں جا سکتا تھا۔ اب اگر اسے اپنے گھر جانے کا موقع دیا جاتا

ہے تو اندیشہ ہے کہ شہر میں چرچا پھیل جائے گا اور بہت ممکن ہے کہ کوئی موقع طلب اس معاملہ سے بروقت فائدہ اٹھا کر باورچی کو نامہ و پیام کا ذریعہ بنا لے۔ اگر روک لیا جاتا ہے تو پھر رکھا کہاں جائے کہ زیادہ سے زیادہ محفوظ جگہ ہو اور باہر کا کوئی آدمی وہاں تک پہنچ نہ سکے۔

یہ بعد از انفصال اب اور ہی جھگڑا نکل آیا!

اسے کلکٹر کے یارانِ طریقت کی عقل مندی سمجھیے یا بے وقوفی کہ اسے بہلا پھسلا کر یہاں مقامی قید خانہ میں بھیج دیا۔ کیونکہ اُن کے خیال میں قلعہ کے علاوہ اگر کوئی اور محفوظ جگہ یہاں ہو سکتی تھی تو وہ قید خانہ کی کوٹھڑی ہی تھی۔ قید خانہ میں جب اسے ایک رات دن قید و بند کے توے پر سینکا گیا تو بھوننے تلنے کی ساری ترکیبیں بھول گیا۔ اِس احمق کو کیا معلوم تھا کہ ساٹھ روپے کے عشق میں یہ پاپڑ بیلنے پڑیں گے؟ اس ابتدائے عشق ہی نے کچومر نکال دیا تھا۔ قلعہ تک پہنچتے پہنچتے قلیہ بھی تیار ہو گیا:

کہ عشق آساں نمود اول، ولے اُفتاد و مشکل ہا!

بہر حال دو دن اس نے کسی نہ کسی طرح نکال دیے تیسرے دن ہوش و حواس کی طرح صبر و قرار نے بھی جواب دے دیا۔ میں صبح کے وقت کمرے کے اندر بیٹھا لکھ رہا تھا کہ اچانک کیا سنتا ہوں، جیسے باہر ایک عجیب طرح کا مخلوط شور و غل ہو رہا ہو۔

"مخلوط" اس لیے کہنا پڑا کہ صرف آوازوں ہی کا غل نہیں تھا، رونے کی چیخیں بھی ملی ہوئی تھیں۔ ایسا معلوم ہوتا تھا، جیسے کوئی آدمی گھٹی ہوئی آواز میں کچھ کہتا جاتا ہے اور پھر بیچ بیچ میں روتا بھی جاتا ہے۔ گویا وہ صورت حال ہے جو خسرو نے سختی کشان عشق کی سنائی تھی کہ :

قدرے گرید، وہم بر سرِ افسانہ رود!

باہر نکلا تو سامنے کے برآمدے میں ایک عجیب منظر دکھائی دیا۔ چیتہ خان دیوار سے ٹیک لگائے کھڑا ہے، سامنے باورچی زمین پر لوٹ رہا ہے۔ تمام وارڈرز حلقہ باندھے کھڑے ہیں، قیدیوں کی قطار صحن میں صف بستہ ہو رہی ہے اور ہمارے قافلہ کے تمام زندانی بھی ایک ایک کر کے کمروں سے نکل رہے ہیں۔ گویا اس خرابہ کی ساری آبادی وہیں سمٹ آئی ہے :

آباد ایک گھر ہے جہانِ خراب میں!

چیتہ خان کہہ رہا ہے، تمہیں کوئی اختیار نہیں کہ یہاں سے نکلو۔ باورچی چیختا ہے کہ مجھے پورا اختیار ہے، تمہیں کوئی اختیار نہیں کہ مجھے روکو۔ جبر و اختیار (Determination and Freewill) کا یہ مناظرہ سن کر مجھے بے اختیار نعمت خاں عالی کا وہ قطعہ یاد آگیا

جواس نے مختار خان کی ہجو میں کہا تھا اور جس کی شرح لکھنے میں خزانہ عامرہ نے بڑی مغز پاشی کی ہے :

ایں دلیل از جبر می آورد او از اختیار

ایں سخن ہم درمیاں ماندہ ست امرِ بین بین

باورچی اُن لوگوں میں معلوم ہوتا تھا جن کی نسبت کہا گیا ہے کہ :

قومے بہ جدوجہد گرفتند وصلِ دوست

مگر چینتہ خان اس پر زور دیتا تھا کہ :

قومے دگر حوالہ بہ تقدیر می کنند!

جیلر نے خیال کیا کہ حقیقت حال کچھ بھی ہو، مگر "بین الجبر و الاختیار" کا مذہب (یعنی ڈٹر مینیشن اور فری ول کے درمیان راستہ نکالنے کا مذہب جیسا کہ مسلمان متکلموں نے اشاعِرہ میں اختیار کیا۔ وہ کہتے ہیں اگرچہ انسان خدا کی قدرت کے احاطے سے باہر نہیں نکل سکتا مگر اسے "کسب" کی قوت حاصل ہے۔ یعنی ارادے کے ساتھ کام کرنے اور اس کے اثرات کسب کرنے کی قوت حاصل ہے۔ اگرچہ اس کا ارادہ بھی خود اس کے بس کی چیز نہیں۔ دراصل اشاعرہ کا کسب بھی مذہبِ جبر کی ہی ایک دوسری تعبیر ہے۔ شوپنہار نے اسی اعتقاد کو یوں تعبیر کیا ہے کہ ہمارے تمام

افعال کی تہہ میں ہمارا ارادہ کام کرتا ہے۔ اگرچہ ہمارا ارادہ ہمارے اختیار میں نہیں) اختیار کیے بغیر چارہ نہیں۔ اُس کی نظر اشاعرہ کے "کسب" اور شوپن ہار (Schopenhauer) کے "ارادہ" پر گئی :

گناہ اگرچہ نہ بود اختیار ما حافظ

تو در طریقِ ادب کوش و گو گناہِ من ست

اس نے باورچی کو سمجھانے کی کوشش کی کہ اس طرح کی ہٹ ٹھیک نہیں۔ کسی نہ کسی طرح ایک مہینہ نکال دو پھر تمہیں گھر جانے کی اجازت مل جائے گی :

مرغِ زیرک چوں بہ دام افتد تحمل بایدش

لیکن اس کا معاملہ اب نصیحت پذیریوں کی حد سے گزر چکا تھا :

نکل چکا ہے وہ کوسوں دیارِ حرماں سے

ایک مہینے کی بات جو اُس نے سنی تو اور کپڑے پھاڑنے لگا :

دِل سے دیوانے کو مت چھیڑ، یہ زنجیر نہ کھینچ!

شام کو چیتہ خان اس طرح آیا تو میں نے اس سے کہا کہ اس طرح مجبور کر کے کسی آدمی کو رکھنا ٹھیک نہیں اسے فوراً رخصت کر دیا جائے۔ اگر اسے جبراً رکھا گیا تو ہم اس کا پکایا ہوا کھانا چھونے والے نہیں۔ چنانچہ دوسرے دن اسے رہائی مل گئی۔ اتوار کے

دن حسب معمول کلکٹر آیا تو معلوم ہوا جس دن چھوٹا تھا، اُسی دن اس نے اپنا بوریا بستر سنبھالا اور سیدھا ریلوے اسٹیشن کا رخ کیا۔ پیچھے مڑ کے دیکھا نہیں :

کردہ ام توبہ، واز توبہ پشیماں شدہ ام
کافرم، باز نہ گوئی کہ مسلماں شدہ ام

یہ تو باورچی کی سرگزشت ہوئی، لیکن یہاں کوئی دن نہیں جاتا کہ کوئی نہ کوئی نئی سرگزشت پیش نہ آتی ہو۔ باورچی کے بعد حجام کا مسئلہ پیش آیا۔ ابھی وہ حل نہیں ہوا تھا کہ دھوبی کے سوال نے سر اٹھایا۔ چیتہ خان کا سارا وقت ناخن تیز کرنے میں بسر ہوتا ہے۔ مگر رشتہ کار میں کچھ ایسی گانٹھیں پڑ گئی ہیں کہ کھلنے کا نام نہیں لیتیں۔ یہ وہی غالب والا حال ہوا کہ :

پہلے ڈالی ہے سرِ رشتۂ امید میں گانٹھ
پیچھے ٹھونکی ہے بُن ناخنِ تدبیر میں کیل

ابوالکلام

خط نمبر ۹

حکایت بادۂ وتریاک

قلعہ احمد نگر

۲۷ اگست ۱۹۴۲ء

صدیق مکرم

انسان اپنی ایک زندگی کے اندر کتنی ہی مختلف زندگیاں بسر کرتا ہے مجھے بھی اپنی زندگی کی دو قسمیں کر دینی پڑیں۔ ایک قید خانے سے باہر کی، ایک اندر کی:

ہم سمندر باش و ہم ماہی کہ در اقلیم عشق
روئے دریا سلسبیل و قعرِ دریا آتش ست

دونوں زندگیوں کے مرقعوں کی الگ الگ رنگ و روغن سے نقش آرائی ہوئی ہے، آپ شاید ایک کو دیکھ کر دوسری کو پہچان نہ سکیں :

لباسِ صورت اگر واژگوں کنم .بینند

کہ خرقۂ خشنم مایۂ طلاباف است

قید سے باہر کی زندگی میں اپنی طبیعت کی افتاد بدل نہیں سکتا۔ خودرفتگی اور خود مشغولی مزاج پر چھائی رہتی ہے۔ دماغ اپنی فکروں سے باہر آنا نہیں چاہتا اور دل اپنی نقش آرائیوں کا گوشہ چھوڑنا نہیں چاہتا۔ بزم و انجمن کے لیے بار خاطر نہیں ہوتا لیکن یارِ شاطر بھی بہت کم بن سکتا ہوں :

تاکے چو موج بحر بہر سو شتافتن

در عینِ بحر پائے چو گرداب بند کن !

لیکن جونہی حالات کی رفتار قید و بند کا پیام لاتی ہے، میں کوشش کرنے لگتا ہوں کہ اپنے آپ کو یک قلم بدل دوں۔ میں اپنا پچھلا دماغ سر سے نکال دیتا ہوں اور ایک نئے دماغ سے اس کی خالی جگہ بھرنی چاہتا ہوں۔ حریم دل کی طاقوں کو دیکھتا ہوں کہ خالی ہو گئے تو کوشش کرتا ہوں کہ نئے نئے نقش و نگار بناؤں اور انہیں پھر سے آراستہ کروں :

وقتست، دگر بت کدہ سازند حرم را

اس تحولِ صورت (Metamorphism) کے عمل میں کہاں تک مجھے کامیابی ہوتی ہے، اس کا فیصلہ تو دوسروں ہی کی نگاہیں کر سکیں گی لیکن خود میرے فریب حال کے لیے اتنی کامیابی بس کرتی ہے کہ اکثر اوقات اپنی پچھلی زندگی کو بھولا رہتا ہوں اور جب تک اس کے سراغ میں نہ نکلوں، اُسے واپس نہیں لا سکتا:

دل کہ جمع ست، غم از بے سر و سامانی نیست

فکرِ جمعیت اگر نیست، پریشانی نیست!

اگر آپ مجھے اس عالم میں دیکھیں تو خیال کریں، میری پچھلی زندگی مجھے قید خانے کے دروازے تک پہنچا کر واپس چلی گئی اور اب ایک دوسری ہی زندگی سے سابقہ پڑا ہے۔ جو زندگی کل تک اپنی حالتوں میں گم اور خوش کامیوں اور دل شگفتگیوں سے بہت کم آشنا تھی، آج اچانک ایک ایسی زندگی کے قالب میں ڈھل گئی جو شگفتہ مزاجیوں اور خندہ روئیوں کے سوا اور کسی بات سے آشنا ہی نہیں "ہر وقت خوش رہو اور ہر ناگوار حالت کو خوش گوار بناؤ" جس کا دستور العمل ہے:

حاصلِ کارگہِ کون و مکاں ایں ہمہ نیست

بادہ پیش آر کہ اسبابِ جہاں ایں ہمہ نیست

پنج روزے کہ دریں مرحلہ مہلت داری

خوش بیاسائے زمانے کہ زماں ایں ہمہ نیست

میں نے قید خانے کی زندگی کو دو متضاد فلسفوں سے ترکیب دی ہے۔ اس میں ایک جز "رواقیہ" (Stoics) کا ہے ایک لذتیہ (Epicureans) کا :

پنبہ را آشتی ایں جا بہ شرار افتاد است

جہاں تک حالات کی ناگواریوں کا تعلق ہے رواقیت سے اُن کے زخموں پر مرہم لگاتا ہوں اور ان کی چبھن بھول جانے کی کوشش کرتا ہوں :

ہر وقتِ بد کہ روئے دہد آبِ سیلِ واں

ہر نقشِ خوش کہ جلوہ کند، موج آب گیر

جہاں تک زندگی کی خوشگواریوں کا تعلق ہے لذتیہ کا زاویۂ نگاہ کام میں لاتا ہوں اور خوش رہتا ہوں :

ہر وقت خوش کہ دست دہد مغتنم شمار

کس را وقوف نیست کہ انجام کار چیست!

میں نے اپنے کاک تیل (Cocktail) کے جام میں دو بوتلیں اونڈیل دیں۔ میرا ذوق بادہ آشامی بغیر اس جامِ مرکب کے تسکین نہیں پا سکتا تھا۔ اسے قدیم تعبیر میں یوں سمجھیے کہ گویا حکایتِ بادۂ وتریاک میں نے تازہ کر دی ہے :

چناں افیون ساقی درمے افگند

حریفاں را نہ سر ماند و نہ دستار

البتہ کاک تیل یہ نسخۂ خاص ہر خامکار کے بس کی چیز نہیں ہے۔ صرف بادہ گسارانِ کہن مشق ہی اسے کام میں لا سکتے ہیں۔ ورموتھ (Vermouth) اور جن (Gin) کا مرکب پینے والے اس رطلِ گراں کے متحمل نہیں ہو سکیں گے۔ مولانائے رومؒ نے ایسے ہی معاملات کی طرف اشارہ کیا تھا :

بادۂ آں در خورِ ہر ہوش نیست

حلقۂ آں سخرۂ ہر گوش نیست

آپ کہیں گے، قید خانہ کی زندگی رواقیت کے لیے تو موزوں ہوئی کہ زندگی کے رنج و راحت سے بے پروا بنا دینا چاہتی ہے۔ لیکن لذتیہ کی عشرت اندوزیوں کا وہاں کیا موقع ہوا؟ جو نامراد قید خانے سے باہر کی آزادیوں میں بھی زندگی کی عیش کوشیوں سے تہی دست رہتے ہیں، اُنہیں قید و بند کی محروم زندگی میں اِس کا سر و ساماں کہاں میسر آ

سکتا ہے؟ لیکن میں آپ کو یاد دلاؤں گا کہ انسان کا اصلی عیش دماغ کا عیش ہے جسم کا نہیں۔ میں لذتیہ سے ان کا دماغ لے لیتا ہوں جسم اُن کے لیے چھوڑ دیتا ہوں۔ داغ مرحوم نے ناصح سے صرف اُس کی زبان لینا چاہی تھی:

ملے جو حشر میں، لے لوں زبان ناصح کی

عجیب چیز ہے یہ طولِ مدعا کے لیے

اور غور کیجیے تو یہ بھی ہمارے وہم و خیال کا ایک فریب ہی ہے کہ سر و سامان کار ہمیشہ اپنے سے باہر ڈھونڈتے رہتے ہیں۔ اگر یہ پردۂ فریب ہٹا کر دیکھیں تو صاف نظر آ جائے کہ وہ ہم سے باہر نہیں ہے خود ہمارے اندر ہی موجود ہے۔ عیش و مسرت کی جن گل شگفتگیوں کو ہم چاروں طرف ڈھونڈتے ہیں اور نہیں پاتے وہ ہمارے نہاں خانۂ دل کے چمن زاروں میں ہمیشہ کھلتے اور مرجھاتے رہتے ہیں لیکن محرومی ساری یہ ہوئی کہ ہمیں چاروں طرف کی خبر ہے مگر خود اپنی خبر نہیں۔ وفی انفسکم افلا تبصرون

کہیں تجھ کو نہ پایا گرچہ ہم نے اِک جہان ڈھونڈا

پھر آخر دل ہی میں پایا، بغل ہی میں سے تو نکلا!

جنگل کے مور کو کبھی باغ و چمن کی جستجو نہیں ہوئی، اس کا چمن خود اس کی بغل میں موجود رہتا ہے۔ جہاں کہیں اپنے پر کھول دے گا، ایک چمنستان بوقلموں کھل جائے گا:

نہ باصحرا سرے دارم، نہ باگلزار سودائے

بہ ہر جامی روم از خویش می جوشد تماشائے!

قید خانے کی چار دیواری کے اندر بھی سورج ہر روز چمکتا ہے اور چاندنی راتوں نے کبھی قیدی اور غیر قیدی میں امتیاز نہیں کیا۔ اندھیری راتوں میں جب آسمان کی قندیلیں روشن ہو جاتی ہیں تو وہ صرف قید خانے کے باہر نہیں چمکتیں، اسیرانِ قید و محن کو بھی اپنی جلوہ فروشیوں کا پیام بھیجتی رہتی ہیں۔ صبح جب طباشیر بکھیرتی ہوئی آئے گی اور شام جب شفق کی گلگوں چادریں پھیلانے لگے گی تو صرف عشرت سراؤں کے دریچوں ہی سے ان کا نظارہ نہیں کیا جائے گا، قید خانے کے روزنوں سے لگی ہوئی نگاہیں بھی انہیں دیکھ لیا کریں گی۔ فطرت نے انسان کی طرح کبھی یہ نہیں کیا کہ کسی کو شادکام رکھے کسی کو محروم کر دے۔ وہ جب کبھی اپنے چہرہ سے نقاب الٹتی ہے تو سب کو یکساں طور پر نظارۂ حسن کی دعوت دیتی ہے۔ یہ ہماری غفلت اندیشی ہے کہ نظر اٹھا کر دیکھتے نہیں اور صرف اپنے گردوپیش ہی میں کھوئے رہتے ہیں:

محرم نہیں ہے تو ہی نواہائے راز کا

یاں، ورنہ جو حجاب ہے، پردہ ہے ساز کا

جس قید خانے میں صبح ہر روز مسکراتی ہو، جہاں شام ہر روز پردۂ شب میں چھپ جاتی ہو، جس کی راتیں کبھی ستاروں کی قندیلوں سے جگمگانے لگتی ہوں کبھی چاندنی کی حسن افروزیوں سے جہاں تاب رہتی ہوں، جہاں دوپہر ہر روز چمکے، شفق ہر روز نکھرے، پرند ہر صبح و شام چہکیں، اسے قید خانہ ہونے پر بھی عیش و مسرت کے سامانوں سے خالی کیوں سمجھ لیا جائے؟ یہاں سر و سامان کار کی تو اتنی فراوانی ہوئی کہ کسی گوشہ میں بھی گم نہیں ہو سکتا۔ مصیبت ساری یہ ہے کہ خود ہمارا دل و دماغ ہی گم ہو جاتا ہے۔ ہم اپنے سے باہر ساری چیزیں ڈھونڈتے رہیں گے مگر اپنے کھوئے ہوئے دل کو کبھی نہیں ڈھونڈیں گے۔ حالانکہ اگر اُسے ڈھونڈ نکالیں تو عیش و مسرت کا سارا سامان اسی کوٹھڑی کے اندر سمٹا ہوا مل جائے گا۔ :

بغیر دل ہمہ نقش و نگار بے معنی ست

ہمیں ورق کہ سیہ گشت، مدعا ایں جاست

ایوان و محل نہ ہوں تو کسی درخت کے سائے سے کام لے لیں۔ دیبا و مخمل کا فرش نہ ملے تو سبزۂ خود رو کے فرش پر جا بیٹھیں۔ اگر برقی روشنی کے کنول میسر نہیں ہیں تو آسمان کی قندیلوں کو کون بجھا سکتا ہے؟ اگر دنیا کی ساری مصنوعی خوشنمائیاں اوجھل ہو گئی ہیں تو ہو جائیں، صبح اب بھی ہر روز مسکرائے گی۔ چاندنی اب بھی ہمیشہ جلوہ

فروشیاں کرے گی، لیکن اگر دل زندہ پہلو میں نہ رہے تو خدارا بتلائیے اس کا بدل کہاں ڈھونڈیں؟ اس کی خالی جگہ بھرنے کے لیے کس چولہے کے انگارے کام دیں گے؟

مجھے یہ ڈر ہے دلِ زندہ، تو نہ مرجائے

کہ زندگانی عبارت ہے تیرے جینے سے

میں آپ کو بتلاؤں، اِس راہ میں میری کامرانیوں کا راز کیا ہے؟ میں اپنے دل کو مرنے نہیں دیتا۔ کوئی حالت ہو، کوئی جگہ ہو، اس کی تڑپ دھیمی نہیں پڑے گی۔ میں جانتا ہوں کہ جہانِ زندگی کی ساری رونقیں اس میکدۂ خلوت کے دم سے ہیں۔ یہ اُجڑا، اور ساری دنیا اُجڑ گئی:

از صد سخنِ پیرم یک حرف مرا یاد ست

"عالم نہ شود ویراں تا میکدہ آباد ست"

باہر کے سارے ساز و سامان عشرت مجھ سے چھن جائیں لیکن تک یہ نہیں چھنتا، میرے عیش و طرب کی سرمستیاں کون چھین سکتا ہے؟

دیدمش خرم و خنداں قدحِ بادہ بدست

واندراں آئینہ صد گونہ تماشا می کرد

گفتم "ایں جام جہاں بیں بتو کے داد حکیم؟

گفت "آں روز کہ ایں گنبد مینا می کرد"

آپ کو معلوم ہے، میں ہمیشہ صبح تین سے چار بجے کے اندر اٹھتا ہوں اور چائے کے پیہم فنجانوں سے جامِ صبوحی کا کام لیا کرتا ہوں۔ خواجہ شیراز کی طرح میری صدائے حال بھی یہ ہوتی ہے کہ :

خورشیدِ مے ز مشرقِ ساغر طلوع کرد
گر برگِ عیش می طلبی، ترکِ خواب کن

یہ وقت ہمیشہ میرے اوقاتِ زندگی کا سب سے زیادہ پر کیف وقت ہوتا ہے۔ لیکن قید خانے کی زندگی میں تو اس کی سر مستیاں اور خود فراموشیاں ایک دوسرا ہی عالم پیدا کر دیتی ہیں۔ یہاں کوئی آدمی ایسا نہیں ہوتا جو اس وقت خواب آلود آنکھیں لیے ہوئے اٹھے اور قرینہ سے چائے بنا کر میرے سامنے دھر دے۔ اس لیے خود اپنے ہی دستِ شوق کی سرگرمیوں سے کام لینا پڑتا ہے۔ میں اس وقت بادۂ کہن کے شیشہ کی جگہ چینی چائے کا تازہ ڈبا کھولتا ہوں اور ایک ماہر فن کی دقیقہ سنجیوں کے ساتھ چائے دم دیتا ہوں۔ پھر جام و صراحی کو میز پر داہنی طرف جگہ دوں گا کہ اس کی اولیت اسی کی مستحق ہوئی۔ قلم و کاغذ کو بائیں طرف رکھوں گا کہ سر و سامان کار میں ان کی جگہ دوسری ہوئی۔ پھر کرسی پر بیٹھ جاؤں گا اور پھر نہ پوچھیے کہ بیٹھتے ہی کس عالم میں پہنچ جاؤں گا؟ کسی

بادہ گسار نے شامپین اور بورڈو کے صد سالہ تہ خانوں کے عرق کہن سال میں بھی وہ کیف و سرور کہاں پایا ہوگا جو چائے کے اس دورِ صبح گاہی کا ہر گھونٹ میرے لیے مہیا کرتا ہے۔

ما در پیالہ عکسِ رخِ یار دیدہ ایم

اے بے خبر زلذتِ شرب مدام ما

آپ کو معلوم ہے کہ میں چائے کے لیے روسی فنجان کام میں لاتا ہوں۔ یہ چائے کی معمولی پیالیوں سے بہت چھوٹے ہوتے ہیں۔ اگر بے ذوقی کے ساتھ پیجیے تو دو گھونٹ میں ختم ہو جائیں مگر خدا نخواستہ میں ایسی بے ذوقی کا مرتکب کیوں ہونے لگا؟ میں جرعہ کشانِ کہن مشق کی طرح ٹھہر ٹھہر کر پیوں گا اور چھوٹے چھوٹے گھونٹ لوں گا۔ پھر جب پہلا فنجان ختم ہو جائے گا تو کچھ دیر کے لیے رک جاؤں گا اور اس درمیانی وقفہ کو امتدادِ کیف کے لیے جتنا طول دے سکتا ہوں طول دوں گا۔ پھر دوسرے اور تیسرے کے لیے ہاتھ بڑھاؤں گا اور دنیا کو اور اُس کے سارے کارخانۂ سود و زیاں کو یک قلم فراموش کر دوں گا:

خوشتر از فکرِ مے و جام چہ خواہد بودن

تا بہ بینیم، سر انجام چہ خواہد بودن!

اِس وقت بھی یہ سطریں بے اختیار نوکِ قلم سے نکل رہی ہیں، اُسی عالم میں ہوں اور نہیں جانتا کہ ۹ اگست کی صبح کے بعد دنیا کا کیا حال ہوا اور اب کیا ہو رہا ہے ؟

شرابِ تلخ دہ ساقی کہ مرد افگن بود زورش

کہ تا یک دم بیاسایم ز دنیا و شر و شورش

کمندِ صیدِ بہرامی بیفگن، جام مے بردار

کہ من پیمودم ایں صحرا نہ بہرام ست نے گورش

میرا دوسرا پر کیف وقت دوپہر کا ہوتا ہے یا زیادہ صحتِ تعین کے ساتھ کہوں کہ زوال کا ہوتا ہے۔ لکھتے لکھتے تھک جاتا ہوں تو تھوڑی دیر کے لیے لیٹ جاتا ہوں۔ پھر اٹھتا ہوں، غسل کرتا ہوں، چائے کا دور تازہ کرتا ہوں اور تازہ دم ہو کر پھر اپنی مشغولیتوں میں گم ہو جاتا ہوں۔ اس وقت آسمان کی بے داغ نیلگونی اور سورج کی بے نقاب درخشندگی کا جی بھر کے نظارہ کروں گا اور رواق دل کا ایک دریچہ کھول دوں گا۔ گوشہ ہائے خاطر افسردگیوں اور گرفتگیوں سے کتنے ہی غبار آلودہ ہوں لیکن آسمان کی کشادہ پیشانی اور سورج کی چمکتی ہوئی خندہ روئی دیکھ کر ممکن نہیں کہ اچانک روشن نہ ہو جائیں :

بازم بہ کلبہ کیست، نہ شمع و نہ آفتاب

بام و درم ز ذرہ و پروانہ پر شدہ ست

لوگ ہمیشہ اس کھوج میں لگے رہتے ہیں کہ زندگی کو بڑے بڑے کاموں کے لیے کام میں لائیں لیکن نہیں جانتے کہ یہاں ایک سب سے بڑا کام خود زندگی ہوئی، یعنی زندگی کو ہنسی خوشی کاٹ دینا۔ یہاں اس سے زیادہ سہل کام کوئی نہ ہوا کہ مر جائیے اور اس سے زیادہ مشکل کام کوئی نہ ہوا کہ زندہ رہیے۔ جس نے یہ مشکل حل کرلی، اس نے زندگی کا سب سے بڑا کام انجام دے دیا:

ناصحم گفت "کہ جز غم چہ ہنر دارد عشق؟"

گفتم "اے خواجۂ عاقل، ہنرے بہتر ازیں!"

غالباً قدیم چینیوں نے زندگی کے مسئلہ کو دوسری قوموں سے بہتر سمجھا تھا۔ ایک پرانے چینی مقولہ میں سوال کیا گیا ہے "سب سے زیادہ دانش مند آدمی کون ہے؟" پھر جواب دیا ہے "جو سب سے زیادہ خوش رہتا ہے"۔ اس سے ہم چینی فلسفۂ زندگی کا زاویۂ نگاہ معلوم کر سکتے ہیں اور اور اس میں شک نہیں کہ یہ بالکل سچ ہے:

نہ ہر درخت تحمل کند جفائے خزاں

غلام ہمتِ سرد م کہ ایں قدم دارد

اگر آپ نے یہاں ہر حال میں خوش رہنے کا ہنر سیکھ لیا ہے تو یقین کیجیے کہ زندگی کا سب سے بڑا کام سیکھ لیا۔ اب اس کے بعد اس سوال کی گنجائش ہی نہیں رہی کہ آپ

نے اور کیا کیا سیکھا؟ خود بھی خوش رہیے اور دوسرے سے بھی کہتے رہیے کہ اپنے چہروں کو غمگین نہ بنائیں :

چو مہمان خراباتی بعشرت باش با رِنداں
کہ دردِ سر کشی جاناں، گراین مستی خمار آرد

زمانۂ حال کے ایک فرانسیسی اہلِ قلم آندری ژید (Andre Gide) کی ایک بات مجھے بہت پسند آئی جو اُس نے اپنی خود نوشتہ سوانح میں لکھی ہے۔ خوش رہنا محض ایک طبعی احتیاج ہی نہیں ہے بلکہ ایک اخلاقی ذمہ داری ہے۔ یعنی ہماری انفرادی زندگی کا نوعیت کا اثر صرف ہم ہی تک محدود نہیں رہتا، وہ دوسروں تک بھی متعدی ہوتا ہے، یا یوں کہیے کہ ہماری ہر حالت کی چھوت دوسروں کو بھی لگتی ہے۔ اس لیے ہمارا اخلاقی فریضہ ہوا کہ خود افسردہ خاطر ہو کر دوسروں کو افسردہ خاطر نہ بنائیں :

افسردہ دل افسردہ کند انجمنے را

ہماری زندگی ایک آئینہ خانہ ہے۔ یہاں ہر چہرے کا عکس بیک وقت سینکڑوں آئینوں پر پڑنے لگتا ہے۔ اگر ایک چہرے پر غبار آ جائے گا تو سینکڑوں چہرے غبار آلود ہو جائیں گے۔ ہم میں سے ہر فرد کی زندگی محض ایک انفرادی واقعہ نہیں ہے۔ وہ پورے مجموع کا حادثہ ہے۔ دریا کی سطح پر ایک لہر تنہا اُٹھتی ہے لیکن اسی ایک لہر سے

بے شمار لہریں بنتی چلی جاتی ہیں۔ یہاں ہماری کوئی بات بھی صرف ہماری نہیں ہوئی، ہم جو کچھ اپنے لیے کرتے ہیں اس میں بھی دوسروں کا حصہ ہوتا ہے۔ ہماری کوئی خوشی بھی ہمیں خوش نہیں کر سکے گی اگر ہمارے چاروں طرف غمناک چہرے اکٹھے ہو جائیں گے۔ ہم خود خوش رہ کر دوسروں کو خوش کرتے ہیں اور دوسروں کے خوش دیکھ کر خود خوش ہونے لگتے ہیں۔ یہی حقیقت ہے جسے عرفی نے اپنے شاعرانہ پیرایہ میں ادا کیا تھا:

بدیدارِ تو دل شاد ند باہم دوستانِ تو

تراہم شاد ماں خواہم چو رُوئے دوستاں بینی

یہ عجیب بات ہے کہ مذہب، فلسفہ اور اخلاق، تینوں نے زندگی کا مسئلہ حل کرنا چاہا اور تینوں میں خود زندگی کے خلاف رجحان پیدا ہوگیا۔ عام طور پر سمجھا جاتا ہے کہ ایک آدمی جتنا زیادہ بجھا دل اور سوکھا چہرہ لے کر پھرے گا، اتنا ہی زیادہ مذہبی، فلسفی اور اخلاقی قسم کا ہوگا۔ گویا علم اور تقدس دونوں کے لیے یہاں ماتمی زندگی ضروری ہوئی۔ زندگی کی تحقیر اور توہین صرف یونان کے کلبیہ (Cynics) ہی کا شعار نہ تھا بلکہ رواقی (Stoics) اور مشائی (Peripatetic) نقطۂ نگاہ میں بھی اس کے عناصر برابر کام کرتے رہے۔ نتیجہ یہ نکلا کہ رفتہ رفتہ افسردہ دلی اور ترش روئی فلسفیانہ مزاج کا ایک

نمایاں خط و خال بن گئی۔ اخلاقی سے اگر اس کے مذہب طمانیت و مسرت (Eudemonism) اور مادیاتی مذہب عشرت (Hedonism) کے تصورات مستثنیٰ کر دیجیے تو اس کا عام طبعی مزاج بھی فلسفیانہ سر کہ روٹی سے خالی نہیں ملے گا۔ مذہب اور روحانیات کی دنیا میں تو زُہد خشک اور طبعِ خنک کی اتنی گرم بازاری ہوئی کہ اب زہد مزاجی اور حق آگاہی کے ساتھ کسی ہنستے ہوئے چہرے کا تصور ہی نہیں کیا جا سکتا۔ دینداری اور ثقالت طبع تقریباً مرادف لفظ بن گئے ہیں۔ یہاں تک کہ قاآنی کو کہنا پڑا تھا:

اسبابِ طرب را ببر از مجلس بیروں
زاں پیش کہ ناگاہ ثقیلے رسد از در

آپ جانتے ہیں کہ اہل ذوق کی مجلس طرب تنگ دلوں کے گوشہ خاطر کی طرح تنگ نہیں ہوتی، اُس کی وسعت میں بڑی سمائی ہے۔ نظامی گنجوی نے اس کی تصویر کھینچی تھی:

ہر چہ در جملہ بہ آفاق دریں جا حاضر
مومن وارمنی و گبر و نصارا و یہود

لیکن اتنی سمائی ہونے پر بھی اگر کسی چیز کی وہاں گنجائش نکل سکی تو وہ زاہد خشک کے ضخیم اور گنبد نما عمامے تھے۔ ایک عمامہ بھی پہنچ جاتا ہے تو پوری مجلس تنگ ہو جاتی ہے۔ اس لیے بعض یارانِ بے تکلف کو کہنا پڑا تھا:

در مجلس ما زاہد! زنہار تکلف نیست

البتہ تو می گنجی، عمامہ نمی گنجد

یہ سچ ہے کہ جن مسئلوں کو دنیا سینکڑوں برس کی کاوشوں سے بھی حل نہ کر سکی، آج ہم اپنی خوش طبعی کے چند لطیفوں سے انہیں حل نہیں کر دے سکتے۔ تاہم یہ ماننا پڑے گا کہ یہاں ایک حقیقت سے انکار نہیں کیا جا سکتا۔ ایک فلسفی، ایک زاہد، ایک سادھو کا خشک چہرہ بنا کر ہم اس مرقع میں کھپ نہیں سکتے جو نقاشِ فطرت کے مُوقلم نے یہاں کھینچ دیا ہے۔ جس مرقع میں سورج کی پیشانی، چاند کا ہنسا ہوا چہرہ، ستاروں کی چشمک، درختوں کا رقص، پرندوں کا نغمہ، آبِ رواں کا ترنم اور پھولوں کی رنگین ادائیں اپنی اپنی جلوہ طرازیاں رکھتی ہوں۔ اُس میں ہم ایک بجھے ہوئے دل اور سوکھے ہوئے چہرے کے ساتھ جگہ پانے کے یقیناً مستحق نہیں ہو سکتے۔ فطرت کی اِس بزم نشاط میں تو وہی زندگی سج سکتی ہے جو ایک دھڑکتا ہوا دل پہلو میں اور چمکتی ہوئی پیشانی چہرے پر رکھتی ہو اور جو چاندنی میں چاند کی طرح نکھر کر، ستاروں کی چھاؤں میں ستاروں کی طرح

چمک کر، پھولوں کی صف میں پھولوں کی طرح کھل کر اپنی جگہ نکال لے سکتی ہو۔

صائب کیا خوب کہہ گیا ہے :

دریں دو ہفتہ کہ چوں گل دریں گلستانی

کشادہ روئے تراز رازہائے مستاں باش

تمیز نیک و بد روزگار کار تو نیست

چو چشم آئینہ ، در خوب وزشت حیراں باش

ابوالکلام

خط نمبر ۱۰

قلعہ احمد نگر

۲۹ اگست ۱۹۴۲ء

ایں رسم و راہ تازہ حرمان عہد ماست
عنقا بہ روزگار کسے نامہ بر نہ بود

صدیق مکرم

وہی چار بجے صبح کا جانفزا وقت ہے۔ چائے کا فنجان سامنے دھرا ہے، اور طبیعت دراز نفسی کے بہانے ڈھونڈ رہی ہے۔ جانتا ہوں کہ میری صدائیں آپ تک نہیں پہنچ سکیں گی۔ تاہم طبع نالہ سنج کو کیا کروں کہ فریاد و شیون کے بغیر نہیں رہ سکتی۔ آپ سن رہے ہوں یا نہ سن رہے ہوں، میرے ذوق مخاطبت کے لیے یہ خیال بس کرتا ہے کہ روئے سخن آپ کی طرف ہے:

اگر نہ دیدی تپیدن دل، شنیدنی بود نالۂ ما

بانسری اندر سے خالی ہوتی ہے مگر فریادوں سے بھری ہوتی ہے، یہی حال میرا ہے:

بہ فسانۂ ہوس طرب، تہی از خودیم و پر از طلب

چہ دمد ز صنعت صفر نے بجز ایں کہ نالہ فزوں کند

(بانسری میں جو سوراخ بنائے جاتے ہیں، انھیں فارسی میں صفر نے کہتے ہیں یعنی بانسری کے نقطے)

قید و بند کے جتنے تجربے اس وقت تک ہوئے تھے، موجودہ تجربہ ان سب سے کئی باتوں میں نئی قسم کا ہوا۔ اب تک یہ صورت رہتی تھی کہ قید خانے کے قواعد کے ماتحت عزیزوں اور دوستوں سے ملنے کا موقع مل جایا کرتا تھا۔ نج کی خط و کتابت روکی نہیں جاتی تھی، اخبارات دیے جاتے تھے، اور اپنے خرچ سے منگوانے کی بھی اجازت ہوتی تھی۔ خاص خاص حالتوں میں اس سے بھی زیادہ دروازہ کھلا رہتا تھا۔ چناں چہ جہاں تک خط و کتابت اور ملاقاتوں کا تعلق ہے، مجھے ہمیشہ زیادہ سہولتیں حاصل رہیں۔ اس صورت حال کا نتیجہ یہ تھا کہ گو ہاتھوں میں زنجیریں اور پاؤں میں بیڑیاں پڑ جاتی تھیں۔ لیکن کان بند نہیں ہو جاتے تھے اور آنکھوں پر پٹیاں نہیں بندھتی تھیں۔ قید و بند کی ساری رکاوٹوں کے ساتھ بھی آدمی محسوس کرتا تھا کہ ابھی تک اسی دنیا میں بس رہا ہے، جہاں گرفتاری سے پہلے رہا کرتا تھا:

زنداں میں بھی خیال بیاباں نورد تھا

کھانے پینے اور ساز و سامان کی تکلیفیں ان لوگوں کو پریشان نہیں کر سکتیں جو جسم کی جگہ دماغ کی زندگی بسر کرنے کے عادی ہوتے ہیں۔ آدمی اپنے آپ کو احساسات کی عام سطح سے ذرا بھی اونچا کرے، تو پھر جسم کی آسائشوں کا فقدان اسے پریشان نہیں کر سکے گا۔ ہر طرح کی جسمانی راحتوں سے محروم رہ کر بھی ایک مطمئن زندگی بسر کر دی جا سکتی ہے، اور زندگی بہر حال بسر ہو ہی جاتی ہے :

رغبت جاہ چہ و نفرت اسباب کدام
زیں ہوسہا بگزر یا نگزر، می گزرد

یہ حالت انقطاع و تجرد کا ایک نقشہ بناتی تھی، مگر نقشہ ادھورا ہوتا تھا کیوں کہ نہ تو باہر کے علاقے پوری طرح منقطع ہو جاتے تھے، نہ باہر کی صداؤں کو زنداں کی دیواریں روک سکتی تھیں :

قید میں بھی ترے وحشی کو رہی زلف کی یاد
ہاں کچھ اک رنج گراں باریِ زنجیر بھی تھا

لیکن اس مرتبہ جو حالت پیش آئی، اس نے ایک دوسری ہی طرح کا نقشہ کھینچ دیا۔ باہر کی نہ صرف تمام صورتیں ہی یک قلم نظروں سے اوجھل ہو گئیں، بلکہ صدائیں بھی

بیک دفعہ رک گئیں، اصحاب کہف کی نسبت کہا گیا ہے فَضَرَبنا علی أذانهم فی الکهف سنین عددا

تو ایسی ہی ضرب علی الآذان کی حالت ہم پر بھی طاری ہو گئی۔ گویا جس دنیا میں بستے تھے وہ دنیا ہی نہ رہی:

کان لم یکن بین الحجون الی الصفا

انیس و لم یسمر بمکۃ سامر!

اچانک ایک نئی دنیا میں لا کر بند کر دیے گئے جس کا جغرافیہ ایک سو گز سے زیادہ پھیلاؤ نہیں رکھتا، اور جس کی ساری مردم شماری پندرہ زندہ شکلوں سے زیادہ نہیں۔ اسی دنیا میں ہر صبح کی روشنی طلوع ہونے لگی، اسی میں ہر شام کی تاریکی پھیلنے لگی:

گویا نہ وہ زمیں ہے نہ آسماں ہے اب

اگر کہوں کہ اس صورت ناگہانی صورت حال سے طبیعت کا سکون متاثر نہیں ہوا، تو یہ صریح بناوٹ ہو گی۔ واقعہ یہ ہے کہ طبیعت متاثر ہوئی اور تیزی اور شدت کے ساتھ ہوئی، لیکن یہ بھی واقعہ ہے کہ اس حالت کی عمر چند گھنٹوں سے زیادہ نہ تھی۔ چنانچہ گرفتاری کے دوسرے ہی دن جب حسب معمول علی الصباح اٹھا اور جام و مینا کا دور گردش میں آیا، تو ایسا محسوس ہونے لگا جیسے طبیعت کا سارا انقباض اچانک دور ہو رہا

ہو، اور افسردگی اور تنگی کی جگہ انشراح و شگفتگی دل کے دروازے پر دستک دے رہی ہو۔ ہا، مخلص خان عالمگیری نے کیا خوب لف و نشر مرتب کیا ہے۔ اس ذوق سخن میں میرا ساتھ دیجیے

خمارِ ما و درِ توبہ و دل ساقی

بیک تبسمِ مینا شکست و بست و کشاد

اب معلوم ہوا کہ اگرچہ نگاہوں اور کانوں کی ایک محدود دنیا کھوئی گئی ہے، مگر فکر و تصور کی کتنی ہی نئی دنیائیں اپنی ساری پہنائیوں اور بے کناریوں کے ساتھ سامنے آ کھڑی ہوئی ہیں۔ اگر ایک دروازے کے بند ہونے پر اتنے دروازے کھل سکتے ہیں، تو کون ایسا زیان عقل ہوگا جو اس سودے پر گلہ مند ہو:

نقصاں نہیں جنوں میں، بلا سے ہو گھر خراب

دو گز زمیں کے بدلے بیاباں گراں نہیں

باقی رہی قید و بند کی تنہائی اور علائق کا انقطاع، تو حقیقت یہ ہے کہ یہ حالت کبھی میرے لیے موجبِ شکایت نہ ہو سکی۔ میں اس سے گریزاں نہیں رہتا، اس کا آرزو مند رہتا ہوں۔ تنہائی خواہ کسی حالت میں آئے اور کسی شکل میں، میرے دل کا دروازہ ہمیشہ کھلا پائے گی۔ بَاطِنُہٗ فِیہِ الرَّحمۃُ و ظَاہِرُہٗ مِن قِبَلِہِ العَذَابُ

ابتدا ہی سے طبیعت کی افتاد کچھ ایسی واقع ہوئی تھی کہ خلوت کا خواہاں اور جلوت سے گریزاں رہتا تھا۔ یہ ظاہر ہے کہ زندگی کی مشغولیتوں کے تقاضے اس طبعِ وحشت سرشت کے ساتھ نبھائے نہیں جاسکتے، اس لیے بہ تکلف خود کو انجمن آرائیوں کا خوگر بنانا پڑتا ہے، مگر دل کی طلب ہمیشہ بہانے ڈھونڈتی ہے۔ جونہی ضرورت کے تقاضوں سے مہلت ملی اور وہ اپنی کام جوئیوں میں لگ گئی :

درخراباتم نہ دیدستی خراب

بادہ پنداری کہ پنہاں می زنم

لوگ لڑکپن کا زمانہ کھیل کود میں بسر کرتے ہیں، مگر بارہ تیرہ برس کی عمر میں میرا یہ حال تھا کہ کتاب لے کر کسی گوشہ میں جا بیٹھتا اور کوشش کرتا کہ لوگوں کی نظروں سے اوجھل رہوں۔ کلکتہ میں آپ نے ڈلہوزی اسکوائر ضرور دیکھا ہوگا، جنرل پوسٹ آفس کے سامنے واقع ہے، اسے عام طور پر لال ڈگی کہا کرتے تھے۔ اس میں درختوں کا ایک جھنڈ تھا کہ باہر سے دیکھیے تو درخت ہی درخت ہیں، اندر جائیے تو اچھی خاصی جگہ ہے اور ایک بینچ بھی بچھی ہوئی ہے۔ معلوم نہیں اب بھی یہ جھنڈ ہے کہ نہیں۔ میں جب سیر کے لیے نکلتا، تو کتاب ساتھ لے جاتا اور اس جھنڈ کے اندر بیٹھ کر مطالعہ میں غرق ہوجاتا۔

والد مرحوم کے خادم خاص حافظ ولی اللہ مرحوم ساتھ ہوا کرتے تھے۔ وہ باہر ٹہلتے رہتے اور جھنجلا جھنجلا کر کہتے: اگر تجھے کتاب ہی پڑھنی تھی، تو گھر سے نکلا کیوں؟ یہ سطریں لکھ رہا ہوں اور ان کی آواز کانوں میں گونج رہی ہے۔ دریا کے کنارے ایڈن گارڈن میں بھی اس طرح کے کئی جھنڈ تھے۔ ایک جھنڈ جو برمی پگوڈا کے پاس مصنوعی نہر کے کنارے تھا، اور شاید اب بھی ہو، میں نے چن لیا تھا کیوں کہ اس طرف لوگوں کا گزر بہت کم ہوتا تھا۔ اکثر سہ پہر کے وقت کتاب لے کر نکل جاتا اور شام تک اس کے اندر گم رہتا۔ اب وہ زمانہ یاد آجاتا ہے تو دل کا عجیب حال ہوتا ہے:

عالمِ بے خبری طرفہ بہشتے بوداست

حیف صد حیف کہ ما دیر خبر دار شدیم!

کچھ یہ بات نہ تھی کہ کھیل کود اور سیر و تفریح کے وسائل کی کمی ہو۔ میرے چاروں طرف ان کی ترغیبات پھیلی ہوئی تھیں، اور کلکتہ جیسا ہنگامہ گرم کُن شہر تھا، لیکن طبیعت ہی کچھ ایسی لے کر آیا تھا کہ کھیل کود کی طرف رخ ہی نہیں کرتی تھی:

ہمہ شہر پر ز خوباں منم و خیال ماہے

چہ کنم کہ نفس بدخو نکند بکس نگاہے

والد مرحوم میرے اس شوق علم سے خوش ہوتے مگر فرماتے : یہ لڑکا اپنی تندرستی بگاڑ دے گا۔ معلوم نہیں جسم کی تندرستی بگڑی یا سنوری، مگر دل کو تو ایسا روگ لگ گیا کہ پھر کبھی پنپ نہ سکا :

کہ گفتہ بود کہ دردش دوا پذیر مباد

میری پیدائش ایک ایسے خاندان میں ہوئی، جو علم و مشیخت کی بزرگی اور مرجعیت رکھتا اس لیے خلقت کا جو ہجوم و احترام آج کل سیاسی لیڈری کے عروج کا کمال مرتبہ سمجھا جاتا ہے وہ مجھے مذہبی عقیدت مندیوں شکل میں بغیر طلب و سعی کے مل گیا تھا۔ میں نے ابھی ہوش بھی نہیں سنبھالا تھا کہ لوگ پیر زادہ سمجھ کر میرے ہاتھ پاؤں چومتے تھے اور ہاتھ باندھ کر سامنے کھڑے رہتے تھے۔ خاندانی پیشوائی و مشیخت کی اس حالت میں نو عمر طبیعتوں کے لیے بڑی ہی آزمائش ہوتی ہے۔ اکثر حالتوں میں ایسا ہوتا ہے کہ ابتدا ہی سے طبیعتیں بر خود غلط ہو جاتی ہیں اور نسلی غرور اور پیدائشی خود پرستی کا وہی روگ لگ جاتا ہے جو خاندانی امیر زادوں کی تباہی کا باعث ہوا کرتا ہے۔ ممکن ہے، اس کے کچھ نہ کچھ اثرات میرے حصہ میں بھی آئے ہوں کیوں کہ اپنی چوریاں پکڑنے کے لیے خود اپنے کمین میں بیٹھنا جیسا کہ عرفی نے کہا ہے، آسان نہیں :

خواہی کہ عیب ہائے تو روشن شود ترا

یک دم منافقانہ نشیں در کمین خویش

لیکن جہاں تک اپنی حالت کا جائزہ لے سکتا ہوں، مجھے یہ کہنے میں تامّل نہیں کہ میری طبیعت کی قدرتی افتاد مجھے بالکل دوسری ہی طرف لے جا رہی تھی۔ میں خاندانی مریدوں کی ان عقیدت مندانہ پرستاریوں سے خوش نہیں ہوتا تھا، بلکہ طبیعت میں ایک طرح کا انقباض اور توحش رہتا تھا۔ میں چاہتا تھا، کوئی ایسی راہ نکل آئے کہ اس فضا سے بالکل الگ ہو جاؤں اور کوئی آدمی آکر میرے ہاتھ پاؤں نہ چومے۔ لوگ یہ کم یاب جنس ڈھونڈتے ہیں، ملتی نہیں۔ مجھے گھر بیٹھے ملی، اور میں اس کا قدر شناس نہ ہو سکا:

دونوں جہاں دے کے، وہ سمجھے یہ خوش رہا

یاں آپڑی یہ شرم کہ تکرار کیا کریں!

البتہ اب سوچتا ہوں تو یہ معاملہ بھی فائدے سے خالی نہ تھا، اور یہاں کا کون سا معاملہ ہے جو فائدہ سے خالی ہوتا ہے! یہی فائدہ کیا کم ہے کہ جس غذا کے لیے دنیا کی طبیعتیں للچاتی رہتی ہیں اس سے پہلے ہی دن اپنا جی سیر ہو گیا اور طبیعت میں للچاہٹ باقی نہ رہی۔

فیضیؔ نے ایک شعر ایسا کہا ہے کہ اگر اور کچھ نہ کہتا جب بھی فیضیؔ تھا:

کعبہ را ویران مکن، اے عشق کانجا یک نفس

گہ گہے پس ماندگانِ راہ منزل می کنند

طبیعت کی اس افتاد نے ایک بڑا کام یہ دیا کہ زمانے کے بہت سے حربے میرے لیے بے کار ہو گئے۔ لوگ اگر میری طرف سے رخ پھیرتے ہیں، تو بجائے اس کے کہ دل گلہ مند ہو، اور زیادہ منّت گزار ہونے لگتا ہے کیوں کہ ان کا جو ہجوم لوگوں کو خوش حال کرتا ہے، میرے لیے بسا اوقات ناقابل برداشت ہو جاتا ہے۔ میں اگر عوام کا رجوع و ہجوم گوارا کرتا ہوں، تو یہ میرے اختیار کی پسند نہیں ہوتی، اضطرار و تکلف کی مجبوری ہوتی ہے۔

میں نے سیاسی زندگی کے ہنگاموں کو نہیں ڈھونڈھا تھا، سیاسی زندگی کے ہنگاموں نے مجھے ڈھونڈھ نکالا۔ میرا معاملہ سیاسی زندگی کے ساتھ وہ ہوا جو غالب کا شاعری کے ساتھ ہوا تھا:

ما نبودیم بدیں مرتبہ راضی غالبؔ
شعر خود خواہش آں کرد کہ گردد فن ما

اسی طرح اگر حالات کی رفتار قید و بند کا باعث ہوتی ہے، تو اس حالت کی جو رکاوٹیں اور پابندیاں دوسروں کے لیے اذیت کا موجب ہوتی ہیں۔ میرے لیے یکسوئی اور بخود مشغولی کا ذریعہ بن جاتی ہیں اور کسی طرح بھی طبیعت کو افسردہ نہیں کر سکتیں۔ میں

جب قید خانے میں سنا کرتا ہوں کہ فلاں قیدی کو قیدِ تنہائی کی سزا دی گئی ہے، تو حیران رہ جاتا ہوں کہ تنہائی کی حالت آدمی کے لیے سزا کیسے ہو سکتی ہے! اگر دنیا اسی کو سزا سمجھتی ہے، تو کاش، ایسی سزائیں عمر بھر کے لیے حاصل کی جا سکیں!

حسد تہمت آزادی سر دم بگُداخت

کیں مرادیست کہ بر تہمت آں ہم حسد ست

ایک مرتبہ قید کی حالت میں ایسا ہوا کہ ایک صاحب نے جو میرے آرام و راحت کا بہت خیال رکھنا چاہتے تھے، مجھے ایک کوٹھری میں تنہا دیکھ کر سپرنٹنڈنٹ سے اس کی شکایت کی۔ سپرٹنڈنٹ فوراً تیار ہو گیا کہ مجھے ایسی جگہ رکھے، جہاں اور لوگ بھی رکھے جا سکیں، اور تنہائی کی حالت باقی نہ رہے۔ مجھے معلوم ہوا تو میں نے ان حضرت سے کہا: آپ نے مجھے راحت پہچانی چاہی، مگر آپ کو معلوم نہیں کہ جو تھوڑی سی راحت یہاں حاصل تھی، وہ بھی آپ کی وجہ سے چھینی جا رہی ہے، یہ تو وہی غالب والا معاملہ ہوا کہ:

کی ہم نفسوں نے اثر گریہ میں تقریر

اچھے رہے آپ اس سے، مگر مجھ کو ڈبو آئے

میں اپنی طبیعت کی افتاد سے خوش نہیں ہوں نہ اسے حسن و خوبی کی کوئی بات سمجھتا ہوں۔ یہ ایک نقص ہے کہ آدمی بزم و انجمن کا حریف نہ ہو، اور صحبت و اجتماع کی جگہ خلوت و تنہائی میں راحت محسوس کرے:

حریف صافی و دردی نۂ خطا ایں جاست
تمیز ناخوش و خوش می کنی، بلا ایں جاست

لیکن اب طبیعت کا سانچہ اتنا پختہ ہو چکا ہے کہ اسے توڑا جا سکتا ہے، مگر موڑا نہیں جا سکتا:

قطرہ از تشویشِ موج، آخر نہاں شد در صدف
گوشہ گیری ہائے خلق از انفعالِ صحبت ست

اس افتاد طبع کے ہاتھوں ہمیشہ طرح طرح کی بدگمانیوں کا مورد رہتا ہوں اور لوگوں کو حقیقت حال سمجھا نہیں سکتا۔ لوگ اس حالت کو غرور و پندار پر محمول کرتے ہیں، اور سمجھتے ہیں، میں دوسروں کو سبک سر تصور کرتا ہوں، اس لیے ان کی طرف بڑھتا نہیں، حالانکہ مجھے خود اپنا ہی بوجھ بڑھنے نہیں دیتا، دوسروں کی فکر میں کہاں رہ سکتا ہوں! غنی کشمیری نے۔ ایک شعر کیا خوب کہا ہے۔

طاقت برخاستن از گرد نمناکم نہ ماند

خلق پندارد کہ مے خورد ست و مست افتادہ است

سرخوش نے کلمات الشعراء میں جو شعر نقل کیا ہے اس میں "خلق می داند" ہے مگر میں خیال کرتا ہوں یہ محل "دانستن" کا نہیں "پنداشتن" کا ہے، اس لیے "پندارد" زیادہ موزوں ہوگا اور عجب نہیں، اصل میں ایسا ہی ہو۔

بہر حال جو صورت حال پیش آئی ہے اس سے جو کچھ بھی انقباض خاطر ہوا تھا، وہ صرف اس لیے ہوا تھا کہ باہر کے علائق اچانک یک قلم قطع ہو گئے اور ریڈیو سٹ اور اخبار تک روک دیے گئے، ورنہ قید و بند کی تنہائی کا شکوہ نہ پہلے ہوا ہے، نہ اب ہے :

دماغ عطر پیراہن نہیں ہے

غم آوارگی ہائے صبا کیا

اور پھر جو کچھ بھی زبان قلم پر طاری ہوا، صورت حال کی حکایت تھی، شکایت نہ تھی کیوں کہ اس راہ میں شکوہ شکایت کی تو گنجائش ہی نہیں ہوتی۔ اگر ہمیں اختیار ہے کہ اپنا سر ٹکراتے رہیں، تو دوسرے کو بھی اختیار ہے کہ نئی نئی دیواریں چنتا رہے۔ بیدلؔ کا یہ شعر موجودہ صورت حال پر کیا چسپاں ہوا ہے :

دوریِ وصلش طلسم اعتبار ما شکست

ورنہ ایں عجزے کہ می بینی، غبار ناز بود

اگر چہ یہاں تنہا نہیں ہوں، گیارہ رفیق ساتھ ہیں، لیکن چوں کہ ان میں سے ہر شخص ازراہ عنایت میرے معمولات کا لحاظ رکھتا ہے، اس لیے حسب دل خواہ اور (خود) مشغولیت کی زندگی بسر کر رہا ہوں۔ دن بھر میں صرف چار مرتبہ کمرہ سے نکلنا پڑتا ہے کیوں کہ کھانے کا کمرہ قطار کا آخری کمرہ ہے، اور چائے اور کھانے کے اوقات میں وہاں جانا ضروری ہوا۔ باقی تمام اوقات کی تنہائی اور خود مشغولی بغیر کسی خلل کے جاری رہتی ہے :

خوش فرش بوریا و گدائی و خواب امن
کیں عیش نیست درخورِ اورنگ خسروی

زندگی کی مشغولیتوں کا وہ تمام سامان جو اپنے وجود سے باہر تھا، اگر چھن گیا ہے، تو کیا مضائقہ! وہ تمام سامان جو اپنے اندر تھا، اور جسے کوئی نہیں چھین سکتا، سینے میں چھپائے ساتھ لایا ہوں۔ اسے سجاتا ہوں اور اس کے سیر و نظارہ میں محو رہتا ہوں :

آئینہ نقش بند طلسم خیال نیست
تصویر خود بہ لوح دگر می کشیم ما

گرفتاری چوں کہ سفر کی حالت میں ہوئی تھی، اس لیے مطالعہ کا کوئی سامان ساتھ نہ تھا۔ صرف دو کتابیں میرے ساتھ آ گئی تھیں، جو سفر میں دیکھنے کے لیے رکھ لی تھیں، اسی

طرح دو چار کتابیں بعض ساتھیوں کے ساتھ آئیں۔ یہ ذخیرہ بہت جلد ختم ہوگیا۔ اور مزید کتابوں کے منگوانے کی کوئی راہ نہیں نکلی، لیکن اگر پڑھنے کے سامان کا فقدان ہوا تو لکھنے کے سامان میں کوئی کمی نہیں ہوئی، کاغذ کا ڈھیر میرے ساتھ ہے اور روشنائی کی احمد نگر کے بازار میں کمی نہیں۔ تمام وقت خامہ فرسائی میں خرچ ہوتا ہے:

درجنوں بیکار نہ تواں زیستن
آتشم تیز ست و داماں می زنم

جب تھک جاتا ہوں تو کچھ دیر کے لیے برآمدہ میں نکل کر بیٹھ جاتا ہوں، یا صحن میں ٹہلنے لگتا ہوں:

بے کاری جنوں میں ہے، سر پیٹنے کا شغل
جب ہاتھ ٹوٹ جائیں تو پھر کیا کرے کوئی

میں نے جو خط انسپکٹر جنرل کو لکھا تھا، وہ اس نے گورنمنٹ کو بھیج دیا تھا۔ کل اس کا جواب ملا۔ اب نئے احکام ہمارے لیے یہ ہیں کہ اخبار دیے جائیں گے، قریبی رشتے داروں کو خط لکھا جا سکتا ہے، لیکن ملاقات کسی سے نہیں کی جا سکتی۔ چیتہ خان نے یہاں کے فوجی میس سے ٹائمز آف انڈیا کا تازہ پرچہ منگوا لیا تھا، وہ اس نے خط کے ساتھ حوالے کیا۔ اخبار کا ہاتھ میں لینا تھا کہ تین ہفتے پہلے کی دنیا جو ہمارے لیے معدوم

ہو چکی تھی، پھر سامنے آ کھڑی ہوئی۔ معلوم ہوا کہ ہمارے گرفتار ہونے سے ملک میں امن چین نہیں ہو گیا، بلکہ نئے ہنگاموں نے نئے غلغلے برپا کیے:

ہے ایک خلق کا خوں، اشک خوں فشاں مرے
سکھائی طرز اسے دامن اٹھا کے آنے کی

میں نے چیتہ خان سے کہا کہ اگر ۹ اگست سے ۲۷ تک کے پچھلے پرچے کہیں سے مل سکیں، تو منگوا دے۔ اس نے ڈھونڈھوایا، تو بہت سے پرچے مل گئے۔ رات دیر تک انہیں دیکھتا رہا تھا:

دیوانگاں ہزار گریباں دریدہ اند
دست طلب بہ دامن صحرا نمی رسد

مگر مجھے یہ قضیہ یہاں نہیں چھیڑنا چاہیے۔ میری آپ کی مجلس آرائی اس افسانہ سرائی کے لیے نہیں ہوا کرتی:

از ما بجز حکایتِ مہر و وفا مپرس

میری دکان سخن میں ایک ہی طرح کی جنس نہیں رہتی۔ لیکن آپ کے لیے کچھ نکالتا ہوں تو احتیاط کی چھلنی میں اچھی طرح چھان لیا کرتا ہوں کہ کسی طرح کی سیاسی ملاوٹ

باقی نہ رہے۔ دیکھیے اس چھان لینے کے مضمون کو شریف خان شیرازی نے کہ جہانگیر کے عہد میں امیر الامراء ہوا، کیا خوب باندھا ہے :

شرر نالہ بہ غربال ادب می بیزم

کہ بہ گوش تو مبادا رسد آواز درشت

یہ وہی امیر الامراء ہے، جس کے حسب ذیل شعر پر جہانگیر نے شعرائے دربار سے غزلیں لکھوائی تھیں اور خود بھی طبع آزمائی کی تھی :

بگزر مسیح از سرِ ما کشتگانِ عشق

یک زندہ کردنِ تو بہ صد خوں برابر است

ابوالکلام

خط نمبر ۱۱

قلعۂ احمد نگر

۱۲ اکتوبر ۱۹۴۲ء

صدیق مکرم

آج غالباً صبح عید ہے۔ عید کی تبریک آپ تک پہنچا نہیں سکتا، البتہ آپ کو مخاطب تصور کر کے صفحۂ کاغذ پر نقش کر سکتا ہوں :

اے غائب از نظر کہ شدی ہمنشین دل
می گویمت دعا و ثنا می فرستمت
در راہِ دوست مرحلۂ قُرب و بُعد نیست
می بینمت عیان و دُعا می فرستمت

اپنی حالت کیا لکھوں :

خمیازہ سنج تہمت عیشِ رمیدہ ایم
مے آں قدر نہ بود کہ رنج خمار بُرد

معلوم نہیں، ایک خاص طرح کے ذہنی واردہ کی حالت کا آپ کو تجربہ ہوا ہے یا نہیں، بعض اوقات ایسا ہوتا ہے کہ کوئی بات برسوں تک حافظہ میں تازہ نہیں ہوتی، گویا کسی کونے میں سو رہی ہے۔ پھر کسی وقت اچانک اس طرح جاگ اٹھے گی، جیسے اسی وقت دماغ نے کواڑ کھول کر اندر لے لیا ہو۔ اشعار و مطالب کی یادداشت میں اس طرح کی واردات اکثر پیش آتی رہتی ہیں۔ تیس چالیس برس بیشتر کے مطالعہ کو نقوش کبھی اچانک اس طرح ابھر آئیں گے کہ معلوم ہو گا، ابھی ابھی کتاب دیکھ اُٹھا ہوں۔ مضمون کے ساتھ کتاب یاد آ جاتی ہے، کتاب کے ساتھ جلد، جلد کے ساتھ صفحہ، اور صفحہ کے ساتھ یہ تعین کہ مضمون ابتدائی سطروں میں تھا، یا درمیانی سطروں میں، یا آخری سطروں میں، نیز صفحہ کا رُخ کہ دہنی طرف کا تھا، یا بائیں طرف کا۔ ابھی تھوڑی دیر ہوئی، حسب معمول سو کر اٹھا تو بغیر کسی ظاہری مُناسبت اور تحریک کے یہ شعر خود بخود زبان پر طاری تھا:

کم لذتم و قیمتم افزوں ز شمار ست

گویی ثمر پیشتر از باغِ وجودم!

ساتھ ہی یاد آ گیا کہ شعر حکیم صدرائے شیرازی کا ہے جو اواخرِ عہد اکبری میں ہندوستان آیا اور شاہ جہان کے عہد تک زندہ رہا اور آفتاب عالمتاب میں نظر سے گذرا تھا۔ غالباً

بائیں طرف کے صفحہ میں اور صفحہ کی ابتدائی سطروں میں، آفتاب عالمتاب دیکھے ہوئے کم سے کم تیس برس ہو گئے ہوں گے؟ پھر اتفاق نہیں ہوا کہ اُسے کھولا ہو۔

غور فرمائیے، کیا عمدہ مثال دی ہے! آپ نے اکثر بے فصل کے میوے کھائے ہوں گے، مثلاً جاڑوں میں آم۔ چونکہ بے فصل کی چیز ہوتی ہے، نایاب اور تحفہ سمجھی جاتی ہے، لوگ بڑی بڑی قیمتیں دے کر خریدتے ہیں، اور دوستوں کو بطور تحفہ کے بھیجتے ہیں۔ لیکن جو علت اس کی تحفگی اور گرانی کی ہوئی، وہی بے لذتی کی بھی ہو گئی۔ کھائیے تو مزہ نہیں ملتا۔ اور مزہ ملے تو کیسے ملے! جو موسم ابھی نہیں آیا، اُس کا میوہ نا وقت پیدا ہو گیا۔ یہ زمین کی غلط اندیشی تھی کہ وقت کی پابندی بھول گئی، اور اس غلط اندیشی کی پاداش ضروری ہے کہ میوہ کے حصے میں آئے۔ تاہم چونکہ چیز کمیاب ہوتی ہے، اس لیے بیمزہ ہونے پر بھی بیقدر نہیں ہو جاتی۔ کھانے والوں کو مزہ نہیں ملتا، پھر بھی زیادہ سے زیادہ قیمت دے کر خریدیں گے اور کہیں گے، یہ جنسِ نایاب جتنی بھی گراں ہو، ارزاں ہے!

غور کیجیے، تو انسان کا افکار و اعمال کی دنیا کا بھی یہی حال ہے۔ یہاں صرف موسم کے درخت ہی نہیں اُگتے، موسم کے دماغ بھی اُگا کرتے ہیں۔ اور پھر جس طرح یہاں کا ہر فضائی موسم اپنے مزاج کی ایک خاص نوعیت رکھتا ہے، اور اسی کے مطابق اس کی

تمام پیداوار ظہور میں آتی رہتی ہے۔ اسی طرح وقت کا ہر دماغی موسم بھی اپنا ایک خاص معنوی مزاج رکھتا ہے اور ضروری ہے کہ اسی کے مطابق طبیعتیں اور ذہنیتیں ظہور میں آئیں۔ لیکن چونکہ یہاں فطرت کی یکسانیوں اور ہم آہنگیوں کی طرح اس کی گاہ گاہ کی ناہمواریاں بھی ہوئیں اور یہاں کا کوئی قانون اپنے فلتات اور شواذ سے خالی نہیں، اس لیے کبھی کبھی ایسا بھی ہونے لگتا ہے کہ ناوقت کے پھلوں کی طرح ناوقت کی طبیعتیں ظہور میں آجاتی ہیں۔ اسے کارخانۂ نشوونما کے کاروبار کا نقص کہیے، یا زمانہ کی غلط اندیشیِ وقت (Anachronism)، لیکن بہر حال ایسا ہوتا ضرور ہے۔ ایسی ناوقت کی طبیعتیں جب کبھی ظہور میں آئیں گی، تو ناوقت کے پھلوں کی طرح موسم کے لیے اجنبی ہوں گی۔ نہ تو وہ وقت کا ساتھ دے سکیں گی، نہ وقت ان کے ساتھ میل کھا سکے گا۔ تاہم چونکہ اُن کی نمود میں ایک طرح کی غرابت ہوتی ہے، اس لیے ناوقت کی چیز ہونے پر بھی بے قدر نہیں ہو جاتیں۔ لوگوں کو مزہ ملے یا نہ لے، لیکن ان کی گراں قیمتی کا اعتراف ضرور کریں گے۔ صدرائے شیرازی کی دقتِ تخیل نے اسی صورتِ حال کا سراغ لگایا، اور دو مصرعوں میں ایک بڑی کہانی سنا دی۔

یہ شعر دُہراتے ہوئے مجھے خیال ہوا، میرا اور زمانہ کا باہمی معاملہ بھی شاید کچھ ایسی ہی نوعیت کا ہوا۔ طبیعت کی بے میل افتاد فکر و عمل کے کسی گوشے میں بھی وقت اور

موسم کے پیچھے چل نہ سکی۔ اسے وجود کا نقص کہیے۔ لیکن یہ ایک ایسا نقص تھا، جو اول روز سے طبیعت اپنے ساتھ لائی تھی، اور اس لیے وقت کی کوئی خارجی تاثیر اسے بدل نہیں سکتی تھی۔ زمانہ جو قدرتی طور پر موسمی چیزوں کا دلدادہ ہوتا ہے، اس وقت کے پھل میں کیا لذت پا سکتا تھا! لوگ کھاتے ہیں، تو مزہ نہیں ملتا۔ تاہم اس بے مزگی پر بھی اپنی قیمت ہمیشہ گراں ہی رہی۔ لوگ جانتے ہیں کہ مزہ ملے نہ ملے، مگر یہ جنس ارزاں نہیں ہو سکتی!

متاعِ من کہ نصیبش مبادارزانی

بازار میں ہمیشہ وہی جنس رکھی جاتی ہے، جس کی مانگ ہوتی ہے۔ اور چونکہ مانگ ہوتی ہے، اس لیے ہر ہاتھ اس کی طرف بڑھتا ہے اور ہر آنکھ اسے قبول کرتی ہے، مگر میرا معاملہ اس سے بالکل اُلٹا رہا۔ جس جنس کی بھی عام مانگ ہوئی، میری دکان میں جگہ نہ پا سکی۔ لوگ زمانہ کے روز بازار میں ایسی چیزیں ڈھونڈھ کر لائیں گے، جن کا رواج عام ہو، میں نے ہمیشہ ایسی جنس ڈھونڈھ ڈھونڈھ کر جمع کی جس کا کہیں رواج نہ ہو۔ اوروں کے لیے پسند و انتخاب کی جو علت ہوئی، وہی میرے لیے ترک و اعراض کی علت بن گئی۔ انھوں نے دکانوں میں ایسا سامان سجایا جس کے لیے سب کے ہاتھ بڑھیں۔ میں نے کوئی چیز ایسی رکھی ہی نہیں جس کے لیے سب کے ہاتھ بڑھ سکیں :

قماشِ دست ردِ شہر ودہ زمن مطلب

متاعِ من ہمہ دریائی ست یا کانی

لوگ بازار میں دکان لگاتے ہیں تو ایسی جگہ ڈھونڈھ کر لگاتے ہیں جہاں خریداروں کی بھیڑ لگتی ہو۔ میں نے جس دن اپنی دکان لگائی، تو ایسی جگہ ڈھونڈھ کر لگائی جہاں کم سے کم گاہکوں کا گزر ہو سکے:

در کُوئے ما شکستہ دلی می خرند و بس

بازارِ خود فروشی ازاں سُوئے دیگر ست

مذہب میں، ادب میں، سیاست میں، فکر و نظر کی عام راہوں میں جس طرف بھی نکلنا پڑا، اکیلا ہی نکلنا پڑا، کسی راہ میں بھی وقت کے قافلوں کا ساتھ نہ دے سکا۔

با رفیقانِ ز خود رفتہ سفر دست نداد

سیرِ صحرائے جنوں حیف کہ تنہا کردیم!

جس راہ میں بھی قدم اٹھایا، وقت کی منزلوں سے اتنا دُور ہوتا گیا کہ جب مُڑ کے دیکھا، تو گردِ راہ کے سوا کچھ دکھائی نہ دیتا تھا، اور یہ گرد بھی اپنی ہی تیز رفتاری کی اُڑائی ہوئی تھی،

آں نیست کہ من ہم نفساں را بگزارم

با آبلہ پایاں چہ کنم، قافلہ تیز ست!

اس تیز رفتاری سے تلووں میں چھالے پڑ گئے۔ لیکن عجب نہیں، راہ کے کچھ خس و خاشاک بھی صاف ہو گئے ہوں:

خارہاازاثرِ گرمی رفتارم سوخت

منتے برقدم راہروان ست مرا

اب اس وقت رشتۂ فکر کی گرہ کھل گئی ہے، تو یہ توقع نہ رکھیے کہ اسے جلد لپیٹ سکوں گا:

ایں رشتہ بہ انگشت نہ پیچی کہ درازست

زندگی میں بہت سے حالات ایسے پیش آئے، جو عام حالات میں کم پیش آتے ہیں، لیکن معاملہ کا ایک پہلو ایسا ہے، جو ہمیشہ میرے لیے ایک معمہ رہا اور شاید دوسروں کے لیے بھی رہے۔ انسان اپنی ساری باتوں میں حالات کی مخلوق اور گردوپش کے مؤثرات کا نتیجہ ہوتا ہے۔ یہ مؤثرات اکثر صورتوں میں آشکارا ہوتے ہیں اور سطح پر سے دیکھ لیے جا سکتے ہیں۔ بعض صورتوں میں مخفی ہوتے ہیں اور تہ میں اتر کر انہیں ڈھونڈھنا پڑتا ہے، تاہم سُراغ ہر حال میں مل جاتا ہے، نسل، خاندان، صحبت، تعلیم و تربیت، ان مؤثرات کے عنصری سرچشمے ہیں:

عن المرءِ لا تسئل، وَسل عن قرینہ

لیکن اس اعتبار سے اپنی زندگی کے ابتدائی حالات پر نظر ڈالتا ہوں، تو بڑی حیرانی میں پڑ جاتا ہوں۔ فکر و طبیعت کی کتنی ہی بنیادی تبدیلیاں ہیں، جن کا کوئی خارجی سرچشمہ دکھائی نہیں دیتا، اور جو گرد و پیش کے تمام موثرات سے کسی طرح بھی جوڑے نہیں جاسکتے۔ کتنی ہی باتیں ہیں جو حالات و موثرات کے خلاف ظہور میں آئیں۔ کتنی ہی ہیں کہ ان کا ظہور سر تا سر متضاد شکلوں میں ہوا، دونوں صورتوں میں معاملہ ایک عجیب افسانہ سے کم نہیں:

فریادِ حافظ ایں ہمہ آخر بہ ہرزہ نیست
ہم قصۂ عجیب و حدیثے غریب ہست

جہاں تک طبیعت کی سیرت اور عادات و خصائل کا تعلق ہے، میں اپنی خاندانی اور نسلی وراثت سے بےخبر نہیں ہوں۔ ہر انسان کی اخلاقی اور معاشرتی صورت کا قالب نسل و خاندان کی مٹی سے بنتا ہے اور مجھے معلوم ہے کہ میری عادات و خصائل کی مورتی بھی اسی مٹی سے بنی۔ ہر خاندان اپنی روایتی زندگی کی ایک انفرادیت پیدا کرلیتا ہے اور وہ نسلاً بعد نسل منتقل ہوتی رہتی ہے۔ میں صاف محسوس کرتا ہوں کہ اس روایتی زندگی کے اثرات میرے خمیر میں رَچ گئے ہیں اور میں اُن کی پکڑ سے باہر نہیں جاسکتا۔ میری عادات و خصائل، چال ڈھال، طور طریقہ، امیال و اذواق۔ سب کے اندر

خاندان کا ہاتھ صاف صاف دکھائی دے رہا ہے۔ یہ خاندانی زندگی کی روایتیں مجھے میرے ددھیال اور ننھیال، دونوں سلسلوں سے ملیں، اور دونوں پر صدیوں کی قدامت اور تسلسل کی مہریں لگی ہوئی تھیں، وہ بہرحال میرے حصے میں آنی تھیں، ان کے قبول کرنے یا نہ کرنے میں میری خواہش اور پسند کو کوئی دخل نہ تھا۔ لیکن یہاں سوال عادات و خصائل کا نہیں ہے، افکار و عقائد کا ہے، اور جب اس اعتبار سے اپنی حالت کا جائزہ لیتا ہوں، تو خاندان، تعلیم، ابتدائی گردوپیش۔کوئی گوشہ بھی میل کھاتا ہوا دکھائی نہیں دیتا۔ فکری مؤثرات کے جتنے بھی احوال و ظروف (Environments) ہوسکتے ہیں، اُن میں سے ایک ایک کو اپنے سامنے لاتا ہوں اور اُن میں اپنے آپ کو ڈھونڈھتا ہوں، مگر مجھے اپنا سُراغ کہیں نہیں ملتا!

میں نے ہوش سنبھالتے ہی ایسے بزرگوں کو اپنے سامنے پایا جو عقائد و افکار میں اپنا ایک خاص مسلک رکھتے تھے اور اس میں اس درجہ سخت اور بے لچک تھے کہ بال برابر بھی اِدھر اُدھر ہونا کفر و زندقہ تصور کرتے تھے۔ میں نے بچپن سے اپنے خاندان کی جو روایتیں سنیں، وہ بھی سر تا سر اسی رنگ میں ڈوبی ہوئی تھیں، اور میرا دماغی ورثہ اس تصلب اور جمود سے بوجھل تھا۔ میری تعلیم ایسے گردوپیش میں ہوئی، جو چاروں طرف سے قدامت پرستی اور تقلید کی چار دیواری میں گھرا ہوا تھا اور باہر کی مخالف

ہواؤں کا وہاں تک گذر ہی نہ تھا۔ والد مرحوم نے پہلے اچھی طرح ٹھونک بجا کے دیکھ لیا تھا کہ ان کے معیار عقائد و فکر پر پورے پورے اتر سکتے ہیں۔ اور یہ معیار اس درجہ تنگ اور سخت تھا کہ ان کے معاصروں میں سے خال خال اشخاص ہی کی وہاں تک رسائی ہو سکتی تھی۔ پس ظاہر ہے کہ اس دروازہ سے بھی کسی نئی ہوا کے گذرنے کا امکان نہ تھا۔ جہاں تک زمانے کے فکری انقلابات کا تعلق ہے، میرے خاندان کی دنیا وقت کی راہوں سے اور درجہ دُور واقع ہوئی تھی کہ ان راہوں کی کوئی صدا وہاں تک پہنچ ہی نہیں سکتی تھی، اور اس اعتبار سے گویا سو برس پہلے کے ہندوستان میں میں زندگی بسر کر رہا تھا۔ ابتدائی صحبتوں کو انسانی دماغ کا سانچا ڈھالنے میں بہت دخل ہوتا ہے۔ لیکن میری سوسائٹی اوائل عمر میں گھر کی چار دیواری کے اندر محدود رہی، اور گھر کے عزیزوں اور بزرگوں کے علاوہ اگر کوئی دوسرا گروہ ملا بھی تو خاندان کے معتقدوں اور مریدوں کا گروہ تھا۔ وہ میرے ہاتھ پاؤں چومتے اور ہاتھ باندھے کھڑے رہتے، یا رجعت قہقری کر کے پیچھے ہٹتے، اور دُور مؤدب ہو کر بیٹھ جاتے۔ یہ فضا صورتِ حال میں تبدیلی پیدا کرنے کی جگہ اور زیادہ اُسے گہری کرتی رہتی۔ والد مرحوم کے مُریدوں میں ایک بڑی تعداد علماء اور انگریزی تعلیم یافتہ اشخاص کی بھی تھی۔ دیوان خانہ میں اکثر

ان کا مجمع رہتا، مگر یہ پورا مجمع بھی سر تا سر اسی خاندانی رنگ میں رنگا ہوا تھا، کسی دوسرے رنگ کی وہاں جھلک بھی دکھائی نہیں دیتی تھی۔

علاوہ بریں مرید اور معتقد جب کبھی مجھ سے ملتے تھے، تو مجھے مرشد زادہ سمجھ کر منتظر رہتے تھے کہ مجھ سے کچھ سنیں، وہ مجھے سنانے کی گستاخانہ جرأت کب کر سکتے تھے!

انگریزی تعلیم کی ضرورت کا تو یہاں کسی کو وہم و گمان بھی نہیں گزر سکتا تھا۔ لیکن کم از کم یہ تو ہو سکتا تھا کہ قدیم تعلیم کے مدرسوں میں سے کسی مدرسہ سے واسطہ پڑتا۔ مدرسہ کی تعلیمی زندگی گھر کی چار دیواری کے گوشۂ تنگ سے زیادہ وسعت رکھتی ہے اور اس لیے طبیعت کو کچھ نہ کچھ ہاتھ پاؤں پھیلانے کا موقع مل جاتا ہے، لیکن والد مرحوم یہ بھی گوارا نہیں کر سکتے تھے۔ کلکتہ کے سرکاری مدرسہ عالیہ کی تعلیم ان کی نظروں میں کوئی وقعت نہیں رکھتی تھی اور فی الحقیقت قابلِ وقعت تھی بھی نہیں، اور کلکتہ سے باہر بھیجنا انہیں گوارا نہ تھا۔ انہوں نے یہی طریقہ اختیار کیا کہ خود تعلیم دیں۔ یا بعض خاص اساتذہ کے قیام کا انتظام کر کے ان سے تعلیم دلائیں۔ نتیجہ یہ نکلا کہ جہاں تک تعلیمی زمانہ کا تعلق ہے، گھر کی چار دیواری سے باہر قدم نکالنے کا موقع ملا ہی نہیں۔ بلاشبہ اس کے بعد قدم کھُلے اور ہندوستان سے باہر تک پہنچے۔ لیکن یہ بعد کے واقعات ہیں، جب کہ طالب علمی کا زمانہ بسر ہو چکا تھا اور میں نے اپنی نئی راہیں ڈھونڈھ نکالی تھیں۔

میری عمر کا وہ زمانہ جسے باقاعدہ طالب علمی کا زمانہ کہا جا سکتا ہے، چودہ پندرہ برس کی عمر سے آگے نہیں بڑھا۔

پھر خود اس تعلیم کا حال کیا تھا جس کی تحصیل میں تمام ابتدائی زمانہ بسر ہوا! اس کا جواب اگر اختصار کے ساتھ بھی دیا جائے، تو صفحوں کے صفحے سیاہ ہو جائیں! اور آپ کے لیے تفصیل ضروری نہیں۔ ایک ایسا فرسودہ نظام تعلیم جسے فن تعلیم کے جس زاویۂ نگاہ سے بھی دیکھا جائے، سر تا سر عقیم ہو چکا ہے۔ طریق تعلیم کے اعتبار سے ناقص، مضامین کے اعتبار سے ناقص، انتخابِ کتب کے اعتبار سے ناقص، درس و املا کے اسلوب کے اعتبار سے ناقص۔ اگر فنون آلیہ کو الگ کر دیا جائے، تو درسِ نظامیہ میں بنیادی موضوع دو ہی رہ جاتے ہیں، علومِ دینیہ اور معقولات۔ علوم دینیہ کی تعلیم جن کتابوں کے درس میں منحصر رہ گئی ہے، اس سے اُن کتابوں کے مطالب و عبارت کا علم حاصل ہو جاتا ہو، لیکن خود ان علوم میں کوئی مجتہدانہ بصیرت حاصل نہیں ہو سکتی۔ معقولات سے اگر منطق الگ کر دی جائے، تو پھر جو کچھ باقی رہ جاتا ہے، اس کی علمی قدر و قیمت اس سے زیادہ کچھ نہیں کہ تاریخ فلسفۂ قدیم کے ایک خاص عہد کی ذہنی کاوشوں کی یادگار ہے، حالانکہ علم کی دنیا اس عہد سے صدیوں آگے بڑھ چکی۔ فنونِ ریاضیہ جس قدر پڑھائے جاتے ہیں، وہ موجودہ عہد کی ریاضیات کے مقابلہ میں

بمنزلہ صفر کے ہیں، اور وہ بھی عام طور پر نہیں پڑھائے جاتے، میں نے اپنے شوق سے پڑھا تھا۔ جامعِ ازہر قاہرہ کے نصاب تعلیم کا بھی تقریباً یہی حال ہے۔ ہندوستان میں متاخرین کی کتبِ معقولات کو فروغ ہوا۔ وہاں اتنی وسعت بھی پیدا نہ ہو سکی:

اے طبلِ بلند بانگ، در باطن ہیچ!

سید جمال الدین اسد آبادی نے جب مصر میں کتبِ حکمت کا درس دینا شروع کیا تھا تو بڑی جستجو سے چند کتابیں وہاں مل سکی تھیں، اور علمائے ازہر ان کتابوں کے ناموں سے بھی آشنا نہ تھے۔ بلا شبہ اب ازہر کا نظامِ تعلیم بہت کچھ اصلاح پا چکا ہے، لیکن جس زمانہ کا میں ذکر کر رہا ہوں، اس وقت تک اصلاح کوئی سعی کامیاب نہیں ہوئی تھی، اور شیخ محمد عبدہ مرحوم نے مایوس ہو کر ایک نئی سرکاری درسگاہ دار العلوم کی بنیاد ڈالی تھی۔

فرض کیجیے، میرے قدم اسی منزل میں رک گئے ہوتے، اور علم و نظر کی جو راہیں آگے چل کر ڈھونڈھی گئیں، ان کی لگن پیدا نہ ہوئی ہوتی، تو میرا کیا حال ہوتا، ظاہر ہے کہ تعلیم کا ابتدائی سرمایہ مجھے ایک جامد اور ناآشنائے حقیقت دماغ سے زیادہ اور کچھ نہیں دے سکتا تھا۔

تعلیم کی جو رفتار عام طور پر رہا کرتی ہے، میرا معاملہ اس سے مختلف رہا۔ مجھے اچھی طرح یاد ہے کہ ۱۹۰۰ء میں جب میری عمر بارہ تیرہ برس سے زیادہ نہ تھی، میں فارسی کی تعلیم سے فارغ اور عربی کی مبادیات سے گزر چکا تھا اور شرح ملا اور قطبی وغیرہ کے دور میں تھا۔ میرے ساتھیوں میں میرے مرحوم بھائی مجھ سے عمر میں دو برس بڑے تھے، باقی اور جتنے تھے، ان کی عمریں بیس اکیس برس سے کم نہ ہوں گی۔ والد مرحوم کا طریقِ تعلیم یہ تھا کہ ہر علم میں سے پہلے کوئی ایک مختصر متن حفظ کر لینا ضروری سمجھتے تھے۔ فرماتے تھے کہ شاہ ولی اللہؒ کے خاندان کا طریقِ تعلیم ایسا ہی تھا۔ چنانچہ اُس زمانے میں، میں نے فقہ اکبر، تہذیب، خلاصہ کیدانی وغیرہا بر زبان حفظ کر لی تھیں، اور اپنے بر وقت استحضار اور اقتباسات سے نہ صرف طالب علموں کو بلکہ مولویوں کو بھی حیران کر دیا کرتا تھا، وہ مجھے گیارہ بارہ برس کا لڑکا سمجھ کر بہت اُڑتے، تو میزان و منشعب کے سوالات کرتے۔ میں انہیں منطق کے قضیوں اور اصول کی تعریفوں میں لے جا کر ہکا بکا کر دیتا۔ اس طریقہ کے فائدہ میں کلام نہیں۔ آج تک اُن متون کا ایک ایک لفظ حافظہ میں محفوظ ہے۔ خلاصہ کیدانی کی لوح کا شعر تک بھولا نہیں، کسی افغانی "ملا" نے "کے دانی" اور "کیدانی" کی تک بندی کی تھی،

تو طریق صلوٰۃ کے دانی

گر نہ خوانی خلاصہ کیدانی
کتابوں کے درسی تحصیل کی مدت بھی عام رفتار سے بہت کم رہا کرتی تھی۔ اساتذہ میری تیز رفتاریوں سے پہلے جھنجھلاتے، پھر پریشان ہوتے، پھر مہربان ہو کر جرأت افزائی کرنے لگتے۔ جب کسی کتاب کا نیا دور شروع ہوتا، تو باہر کے چند طلبا بھی شریک ہو جاتے۔ لیکن ابھی چند دن بھی گذرنے نہ پاتے کہ میرا سبق دوسروں سے الگ ہو جاتا، کیونکہ وہ میری رفتار کا ساتھ نہیں دے سکتے تھے۔ میری معقولات کے ایک اُستاد لوگوں سے کہا کرتے تھے: "چھوٹے حضرت مجھے آج کل صدرا سنایا کرتے ہیں اور اس غلط فہمی میں مبتلا ہیں کہ مجھ سے درس لیتے ہیں۔"
۱۹۰۳ء میں کہ عمر کا پندرھواں سال شروع ہوا تھا، میں درس نظامیہ کی تعلیم سے فارغ ہو چکا تھا اور والد مرحوم کی ایما سے چند مزید کتابیں بھی نکال لی تھیں، چونکہ تعلیم کے باب میں قدیم خیال یہ تھا کہ جب تک پڑھا ہوا پڑھایا نہ جائے، استعداد پختہ نہیں ہوتی، اس لیے فاتحہ فراغ کی مجلس ہی میں طلبا کا ایک حلقہ میرے سپرد کر دیا گیا، اور ان کے مصارفِ قیام کے والد مرحوم کفیل ہو گئے۔ میں نے تکمیلِ فن کے لیے طب شروع کر دی تھی۔ خود قانون پڑھتا تھا اور طلبا کو مطول، میر زاہد اور ہدایہ وغیرہ کا درس دیتا تھا۔

مجھے اچھی طرح یاد ہے کہ ابھی پندرہ برس سے زیادہ عمر نہیں ہوئی تھی کہ طبیعت کا سکون ہلنا شروع ہو گیا تھا، اور شک و شبہہ کے کانٹے دل میں چبھنے لگے تھے۔ ایسا محسوس ہوتا تھا کہ جو آوازیں چاروں طرف سنائی دے رہی ہیں، ان کے علاوہ بھی کچھ اور ہونا چاہیے، اور علم و حقیقت کی دنیا صرف اتنی ہی نہیں ہے، جتنی سامنے آ کھڑی ہوئی ہے۔ یہ چُبھن عمر کے ساتھ ساتھ برابر بڑھتی گئی۔ یہاں تک کہ چند برسوں کے اندر عقائد و افکار کی وہ تمام بنیادیں، جو خاندان، تعلیم اور گرد و پیش نے چُنی تھیں، بہ یک دفعہ متزلزل ہو گئیں، اور پھر وقت آیا کہ اس ہلتی ہوئی دیوار کو خود اپنے ہاتھوں ڈھا کر اس کی جگہ نئی دیواریں چننی پڑیں:

ہیچ گہ ذوقِ طلب از جستجو بازم نہ داشت

دانہ می چیدم درآں روزے کہ خرمن داشتم

انسان کی دماغی ترقی کی راہ میں سب سے بڑی روک، اس کے تقلیدی عقائد ہیں۔ اسے کوئی طاقت اس طرح جکڑبند نہیں کر دے سکتی، جس طرح تقلیدی عقائد کی زنجیریں کر دیا کرتی ہیں۔ وہ ان زنجیروں کو توڑ نہیں سکتا، اس لیے کہ توڑنا چاہتا ہی نہیں۔ وہ انہیں زیور کی طرح محبوب رکھتا ہے۔ ہر عقیدہ، ہر عمل، ہر نقطۂ نگاہ جو اسے خاندانی روایات اور ابتدائی تعلیم و صحبت کے ہاتھوں میں مل گیا ہے۔ اُس کے لیے ایک

مقدس ورثہ ہے، وہ اس ورثہ کی حفاظت کرے گا، مگر اُسے چھونے کی جرأت نہیں کرے گا۔ بسا اوقات موروثی عقائد کی پکڑ اتنی سخت ہوتی ہے کہ تعلیم اور گردو پیش کا اثر بھی اسے ڈھیلا نہیں کر سکتا۔ تعلیم دماغ پر ایک نیا رنگ چڑھا دے گی، لیکن اُس کی بناوٹ کے اندر نہیں اُترے گی۔ بناوٹ کے اندر ہمیشہ نسل، خاندان اور صدیوں کی متوارث روایات ہی کا ہاتھ کام کرتا رہے گا۔

میری تعلیم خاندان کے موروثی عقائد کے خلاف نہ تھی کہ اس راہ سے کوئی کشمکش پیدا ہوتی، وہ سر تا سر اُسی رنگ میں ڈوبی ہوئی تھی۔ جو موٴثرات نسل اور خاندان نے مہیا کر دیئے تھے، تعلیم نے انہیں اور زیادہ تیز کرنا چاہا اور گردو پیش نے انہیں اور زیادہ سہارے دیے۔ تاہم یہ کیا بات ہے کہ شک کا سب سے پہلا کانٹا جو خود بخود دل میں چُبھا، وہ اسی تقلید کے خلاف تھا، میں نہیں جانتا تھا کہ کیوں، مگر بار بار یہی سوال سامنے اُبھرنے لگا تھا کہ اعتقاد کی بنیاد علم و نظر پر ہونی چاہیے، تقلید اور توارث پر کیوں ہو! یہ گویا دیوار کی بنیادی اینٹوں کا ہل جانا تھا، کیونکہ موروثی اور روایتی عقائد کی پوری دیوار صرف تقلید ہی کی بنیادوں پر استوار ہوتی ہے، جب بنیاد ہل گئی، تو پھر دیوار کب کھڑی رہ سکتی تھی! کچھ دنوں تک طبیعت کی درماندگیاں سہارے دیتی رہیں، لیکن بہت جلد معلوم ہو گیا کہ اب کوئی سہارا بھی اس گرتی ہوئی دیوار کو سنبھال نہیں سکتا:

ازاں کہ پیرویِ خلق گمرہی آرد

نمی رویم براہے کہ کارواں رفتست

شک کی یہی چُبھن تھی جو تمام آنے والے یقینوں کے لیے دلیل راہ بنی۔ بلاشبہہ اس نے پچھلے سرمایوں سے تہی دست کر دیا تھا، مگر نئے سرمایوں کے حصول کی لگن بھی لگا دی تھی۔ اس بالآخر اسی کی رہنمائی تھی جس نے یقین اور طمانیت کی منزلِ مقصود تک پہنچا دیا۔ گویا جس علت نے بیمار کیا تھا، وہ بالآخر داروئے شفا بھی ثابت ہوئی :

دردہا داری و درمانی ہنوز

ہر چند سراغ لگانا چاہتا ہوں کہ یہ کانٹا کہاں سے اُڑا تھا کہ تیر کی طرح دل میں ترازو ہو گیا، مگر کوئی پتا نہیں لگتا، کوئی تعلیل کام نہیں دیتی :

چہ مستی است نہ دانم کہ رُو بما آورد

کِہ بود ساقی و ایں بادہ از کجا آورد

بلاشبہہ آگے چل کر کئی حالات ایسے پیش آئے، جنھوں نے اس کانٹے کی چُبھن اور زیادہ گہری کر دی، لیکن اُس وقت تو کسی خارجی محرک کی پرچھائیں بھی نہیں پڑی تھی۔ اور ہوش و آگہی کی عمر ہی نہ تھی کہ باہر کے مؤثرات کے لیے دل و دماغ کے دروازے کُھل سکتے۔ یہ تو وہ حال ہوا کہ :

اتانی هواها، قبل ان اعرف الهویٰ

فصادف قلباً فارغاً فتمكنا

یہی زمانہ ہے جب پیر زادگی اور نسلی بزرگی کی زندگی بھی مجھے خود بخود چُبھنے لگی، اور معتقدوں اور مریدوں کی پرستاریوں سے طبیعت کو ایک گونہ توحش ہونے لگا۔ میں اس کی کوئی خاص وجہ اس وقت محسوس نہیں کرتا تھا، مگر طبیعت کا ایک قدرتی تقاضہ تھا جو ان باتوں کے خلاف لے جارہا تھا:

بُوے آن دُور کہ اِمسال بہ ہمسایہ رسید
ز آتشے بود کہ درخانۂ من پار گرفت

سوال یہ ہے کہ تمام حالات اور مؤثرات کے خلاف طبیعت کی یہ افتاد کیونکر بنی اور کہاں سے آئی؟ خاندان عقائد و افکار کا جو سانچا ڈھالنا چاہتا تھا، نہ ڈھال سکا۔ تعلیم جس طرف لے جانا چاہتی تھی، نہ لے جاسکی۔ حلقۂ صحبت و اثرات کا جو تقاضہ تھا، پورا نہ ہوا۔ اس عالمِ اسباب میں ہر حالت کا دامن کسی نہ کسی علت سے بندھا ہوتا ہے۔ آخر اس رشتہ کا بھی تو کوئی سرا ملنا چاہیے! واقعہ یہ ہے کہ نہیں ملتا۔ ممکن ہے یہ میری نظر کی کوتاہی ہو، اور کوئی دوسری دقیقہ سنج نگاہ حالات کا مطالعہ کرے، تو کوئی نہ کوئی محرک ڈھونڈھ نکالے، مگر مجھے تو تک کر دوسری ہی طرف دیکھنا پڑا:

کارِ زلفِ تست مشک افشانی، اما عاشقاں

مصلحت را تہمتے بر آہوئے چیں بستہ اند

جس نامراد ہستی کو چودہ برس کی عمر میں زمانہ کی آغوش سے اس طرح چھین لیا گیا ہو، وہ اگر کچھ عرصہ کے لیے شاہراہِ عام سے گم ہو کر آوارۂ دشتِ وحشت نہ ہوتی، تو اور کیا ہوتا! ایک عرصہ تک طرح طرح کی سرگردانیوں میں نشانِ راہ گم رہا، نہ مقصد کی خبر مل سکی نہ منزل کی،

سگِ آستانم، اما ہمہ شب قلادہ خائم

کہ سرِ شکار دارم، نہ ہوائے پاسبانی

عجب ست، گر نہ باشد خضرے بہ جُستجویم

کہ فتادہ ام بہ ظلمت چو زلال زندگانی

لیکن جس ہاتھ نے زمانہ کی آغوش سے کھینچا تھا، بالآخر اُسی نے دشت نوردیوں کی تمام بے راہ رویوں میں رہنمائی بھی کی اور اگرچہ قدم قدم پر ٹھوکروں سے دوچار ہونا پڑا، اور چپہ چپہ پر رکاوٹوں سے اُلجھنا پڑا، مگر طلب ہمیشہ آگے ہی کی طرف بڑھائے لے گئی اور جستجو نے کبھی گوارا نہیں کیا کہ درمیانی منزلوں میں رک کر دم لے لے۔ بالآخر دم لیا تو اس وقت لیا، جب منزل مقصود سامنے جلوہ گر تھی، اور اس کی گردِ راہ سے چشمِ تمنائی روشن ہو رہی تھی:

بہ وصلش تا رسم، صد بار بر خاک افگند شوقم
کہ نوپروازم و شاخِ بلندے آشیاں دارم

چوبیس برس کی عمر میں جب کہ لوگ عشرتِ شباب کی سر مستیوں کا سفر شروع کرتے ہیں، میں اپنی دشت نوردیاں ختم کر کے تلووں کے کانٹے چُن رہا تھا۔

در بیاباں گر بہ شوقِ کعبہ خواہی زد قدم
سرزنش ہا گر کند خارِ مغیلاں، غم مخور!

گویا اس معاملے میں بھی اپنی چال زمانہ سے اُلٹی ہی رہی۔ لوگ زندگی کے جس مرحلے میں کمر باندھتے ہیں، میں کھول رہا تھا:

کام تھے عشق میں بہت، پر میرؔ
ہم تو فارغ ہوئے شتابی سے

اُس وقت سے لے کر آج تک کہ کاروانِ باد رفتارِ عمر منزلِ خمسین سے بھی گزر چکا، فکر و عمل کے بہت سے میدان نمودار ہوئے اور اپنی راہ پیمائیوں کے نقوش جا بجا بنانے پڑے۔ وقت یا تو انہیں مٹا دے گا جیسا کہ ہمیشہ مٹاتا رہا ہے، یا محفوظ رکھے گا جیسا کہ ہمیشہ محفوظ رکھتا آیا ہے:

آیینہ نقش بندِ طلسم خیال نیست

تصویرِ خود بلوحِ دگر می کشیم ما!

یہاں زندگی بسر کرنے کے دو ہی طریقے تھے جنھیں ابو طالب کلیمؔ نے دو مصرعوں میں بتلا دیا ہے:

طبعے بہم رساں کہ بسازی بعالمے
یا ہمتے کہ از سرِ عالم تواں گزشت

پہلا طریقہ اختیار نہیں کر سکتا تھا کیونکہ اس کی طبیعت ہی نہیں لایا تھا، ناچار دوسرا اختیار کرنا پڑا:

کارِ مشکل بود، ما بر خویش آساں کردہ ایم!

جو نامراد یہ دوسرا طریقہ اختیار کرتے ہیں، وہ نہ تو راہ کی مشکلوں اور رکاوٹوں سے نا آشنا ہوتے ہیں، نہ اپنی ناتوانیوں اور درماندگیوں سے بیخبر ہوتے ہیں، تاہم وہ قدم اٹھا دیتے ہیں، کیونکہ قدم اٹھائے بغیر رہ نہیں سکتے۔ زمانہ اپنی ساری ناموافقتوں اور بے اعتیازیوں کے ساتھ بار بار سامنے آتا ہے، اور طبیعت کی خلقی درماندگیاں قدم قدم پر دامنِ عزم و ہمت سے اُلجھنا چاہتی ہیں، تاہم اُن کا سفر جاری رہتا ہے۔ وہ زمانہ کے پیچھے نہیں چل سکتے تھے، لیکن زمانہ کے اوپر سے گزر جا سکتے تھے، اور بالآخر بے نیازانہ گزر جاتے ہیں:

وقتِ عرفی خوش، کہ نہ کشودند گر در بر رخش

بر درِ نکشودہ ساکن شد، درِ دیگر نہ زد!

اب صبحِ عید نے اپنے چہرہ سے صبحِ صادق کا ہلکا نقاب بھی اُلٹ دیا ہے اور بے حجابانہ مسکرا رہی ہے:

اک نگارِ آتشیں رُخ، سر کھُلا

میں اب آپ کو اور زیادہ اپنی طرف متوجہ رکھنے کی کوشش نہیں کروں گا کیونکہ صبح عید کی اس جلوہ نمائی کا آپ کو جواب دینا ہے۔ کئی سال ہوئے، ایک مکتوبِ گرامی میں شبہائے رمضان کی "عنبرین چائے" کا ذکر آیا تھا۔ بے محل نہ ہوگا اگر اس کے جُرعہ ہائے پیہم سے قبلِ صلٰوۃ عید افطار کیجیے کہ عید الفطر میں تعجیل مسنون ہوئی اور عید الضحی میں تاخیر:

عید ست و نشاط و طرب و زمزمہ عام ست

مے نوش، گنہ بر من اگر بادہ حرام است!

از روزہ اگر کوفتۂ، بادہ روا گیر

این مسئلہ حل گشت ز ساقی کہ امام است!

ابُوالکلام

خط نمبر ۱۲

قلعہ احمد نگر

۱۷ اکتوبر ۱۹۴۲ء

از بہر چہ گویم "ہست" از خود خبرم چوں نیست
وز بہر چہ گویم "نیست" با او نظرے چوں ہست

صدیق مکرم

صبح کے ساڑھے تین بجے ہیں۔ اس وقت لکھنے کے لیے قلم اٹھایا تو معلوم ہوا سیاہی ختم ہو رہی ہے۔ ساتھ ہی خیال آیا کہ سیاہی کی شیشی خالی ہو چکی تھی، نئی شیشی منگوانی تھی مگر منگوانا بھول گیا۔ میں نے سونچا، تھوڑا سا پانی کیوں نہ ڈال دوں؟ یکایک چائے دانی پر نظر پڑی۔ میں نے تھوڑی سی چائے فنجان میں اونڈیلی اور قلم کا منہا اس میں ڈبو کر پچکاری چلا دی، پھر اسے اچھی طرح ہلا دیا کہ روشنائی کی دھوون پوری طرح نکل

آئے اور اب دیکھیے روشنائی کی جگہ چائے کے تند و تیز گرم عرق سے اپنے نفسہائے سرد صفحۂ قرطاس پر نقش کر رہا ہوں۔

می کشد شعلہ سرے از دلِ صد پارۂ ما
جوشِ آتش بود امروز بہ فوارۂ ما

طبیعت افسردہ ہوتی ہے تو الفاظ بھی افسردہ نکلتے ہیں۔ میں طبیعت کی افسردگیوں کا چائے کے گرم جاموں سے علاج کیا کرتا ہوں۔ آج قلم کو بھی ایک گھونٹ پلا دیا :

ایں کہ در جام و سبو دارم مہیا آتش ست

آپ اس طریق کار پر متعجب نہ ہوں۔ آج سے ساڑھے تین سو برس پہلے فیضی کو بھی یہی طریقہ کام میں لانا پڑا تھا۔ نل دمن میں اس نے ہمیں خبر دی ہے :

تا تازۂ و تر زنم رقم را
در بادہ کشیدہ ام قلم را

آج بھی جام وہی ہے جو روز گردش میں آتا ہے لیکن جام میں جو کچھ اونڈیل رہا ہوں اس کی کیفیتیں کچھ بدلی ہوئی پائیے گا :

از مۓ دوشیں قدرے تند تر

بارہا مجھے خیال ہوا کہ ہم خدا کی ہستی کا اقرار کرنے پر اس لیے بھی مجبور ہیں کہ اگر نہ کریں تو کارخانۂ ہستی کے معمے کا کوئی حل باقی نہیں رہتا اور ہمارے اندر ایک حل کی طلب ہے جو ہمیں مضطرب رکھتی ہے :

آں کہ ایں نامۂ سر بستہ نوشتہ است نخست
گرہے سخت بہ سر رشتۂ مضموں زدہ است

اگر ایک الجھا ہوا معاملہ ہمارے سامنے آتا ہے اور ہمیں اس کے حل کی جستجو ہوتی ہے تو ہم کیا کرتے ہیں ؟ ہمارے اندر بالطبع یہ بات موجود ہے اور منطق اور ریاضی نے اسے راہ پر لگایا ہے کہ ہم الجھاؤ پر غور کریں گے ۔ ہر الجھاؤ اپنے حل کے لیے ایک خاص طرح کے تقاضے کا جواب چاہتا ہے ۔ ہم کوشش کریں گے کہ ایک کے بعد ایک ، طرح طرح کے حل سامنے لائیں اور دیکھیں اس تقاضا کا جواب ملتا ہے یا نہیں ؟ پھر جونہی ایک حل ایسا نکل آئے گا جو الجھاؤ کے سارے تقاضوں کا جواب دے دے گا اور معاملہ کی ساری کلیں ٹھیک بیٹھ جائیں گی ، ہمیں پورا پورا یقین ہو جائے گا کہ الجھاؤ کا صحیح حل نکل آیا اور صورت حال کی یہ اندرونی شہادت ہمیں اس درجہ مطمئن کر دے گی کہ پھر کسی بیرونی شہادت کی احتیاج باقی نہیں رہے گی ۔ اب کوئی ہزار شبہے نکالے ، ہمارا یقین متزلزل ہونے والا نہیں ۔

فرض کیجیے، کپڑے کے ایک تھان کا ٹکڑا کسی نے پھاڑ لیا اور ٹکڑا پھٹا ہو اس طرح ٹیڑھا ترچھا اور دندانہ دار ہو کہ جب تک ویسے ہی الجھاؤ کا ایک ٹکڑا وہاں آ کر بیٹھتا نہیں، تھان کی خالی جگہ بھرتی نہیں۔ اب اسی کپڑے کے بہت سے ٹکڑے ہمیں مل جاتے ہیں اور ہر ٹکڑا وہاں بٹھا کر ہم دیکھتے ہیں کہ اس خلاء کی نوعیت کا تقاضا پورا ہوتا ہے یا نہیں۔ مگر کوئی ٹکڑا ٹھیک بیٹھتا نہیں۔ اگر ایک گوشہ میل کھاتا ہے تو دوسرے گوشے جڑنے سے انکار کر دیتے ہیں۔ اچانک ایک ٹکڑا ایسا نکل آتا ہے کہ ٹیڑھے ترچھے کٹاؤ کے سارے تقاضے پورے کر دیتا ہے اور صاف نظر آ جاتا ہے کہ صرف اسی ٹکڑے سے یہ خلاء بھرا جا سکتا ہے۔ اب اگرچہ اس کی تائید میں کوئی خارجی شہادت موجود نہ ہو، لیکن ہمیں پورا یقین ہو جائے گا کہ یہی ٹکڑا یہاں سے پھاڑا گیا تھا اور اس درجہ کا یقین ہو جائے گا کہ "لو کشف الغطاء لم ازددت یقینا!"

اس مثال سے ایک قدم اور آگے بڑھائیے اور گورکھ دھندے کی مثال سامنے لائیے۔ بے شمار طریقوں سے ہم اسے مرتب کرنا چاہتے ہیں مگر ہوتا نہیں۔ بالآخر ایک خاص ترتیب ایسی نکل آتی ہے کہ اس کے ہر جز کا تقاضا پورا ہو جاتا ہے اور اس کی چول ٹھیک بیٹھ جاتی ہے۔ اب گو کوئی خارجی دلیل اس ترتیب کی صحت کی موجود نہ ہو لیکن یہ بات کہ صرف اسی ایک ترتیب سے اس کا الجھاؤ دور ہو سکتا ہے،

بجائے خود ایک ایسی فیصلہ کن دلیل بن جائے گی کہ پھر ہمیں کسی اور دلیل کی احتیاج باقی ہی نہیں رہے گی۔ الجھاؤ کا دور ہو جانا اور ایک نقش کا نقش بن جانا بجائے خود ہزاروں دلیلوں کی ایک دلیل ہے!

اب علم و تیقن کی راہ میں ایک قدم اور آگے بڑھائیے اور ایک تیسری مثال سامنے لائیے۔ آپ نے حرفوں کی ترتیب سے کھلنے والے قفل دیکھے ہوں گے۔ انہیں پہلے قفل ابجد کے نام سے پکارتے تھے۔ ایک خاص لفظ کے بننے سے وہ کھلتا ہے اور وہ ہمیں معلوم نہیں۔ اب ہم طرح طرح کے الفاظ بناتے جائیں گے اور دیکھیں گے کہ کھلتا ہے یا نہیں؟ فرض کیجیے ایک خاص لفظ کے بنتے ہی کھل گیا۔ اب کیا ہمیں اس بات کا یقین نہیں ہو جائے گا کہ اسی لفظ میں اس قفل کی کنجی پوشیدہ تھی؟ جستجو جس حل میں تھی، وہ قفل کا کھلنا تھا۔ جب ایک لفظ نے قفل کھول دیا تو پھر اس کے بعد باقی کیا رہا جس کی مزید جستجو ہو!

ان مثالوں کو سامنے رکھ کر اس طلسمِ ہستی کے معمے پر غور کیجیے جو خود ہمارے اندر اور ہمارے چاروں طرف پھیلا ہوا ہے۔ انسان نے جب سے ہوش و آگہی کی آنکھیں کھولی ہیں، اس معمہ کا حل ڈھونڈ رہا ہے۔ لیکن اس پرانی کتاب کا پہلا اور آخری ورق

کچھ اس طرح کھویا گیا ہے کہ نہ تو یہی معلوم ہوتا ہے کہ شروع کیسے ہوئی تھی، نہ اسی کا کچھ سراغ ملتا ہے کہ ختم کہاں جا کر ہوگی اور کیونکر ہوگی؟

اول و آخر ایں کہنہ کتاب افتادست

زندگی اور حرکت کا یہ کارخانہ کیا ہے اور کیوں ہے؟ اس کی کوئی ابتدا بھی ہے یا نہیں؟ یہ کہیں جا کر ختم بھی ہوگا یا نہیں؟ خود انسان کیا ہے؟ یہ جو ہم سونچ رہے ہیں کہ "انسان کیا ہے؟" تو خود یہ سونچ اور سمجھ کیا چیز ہے؟ اور پھر حیرت اور درماندگی کے ان تمام پردوں کے پیچھے کچھ ہے بھی یا نہیں؟

مردم درا انتظار دریں پردہ راہ نیست

یا ھست و پردہ دار نشانم نمی دہد

اس وقت سے لے کر جب کہ ابتدائی عہد کا انسان پہاڑوں کے غاروں سے سر نکال نکال کر سورج کو طلوع و غروب ہوتے دیکھتا تھا، آج تک، جبکہ وہ علم کی تجربہ گاہوں سے سر نکال کر فطرت کے بے شمار چہرے بے نقاب دیکھ رہا ہے، انسان کے فکر و عمل کی ہزاروں باتیں بدل گئیں مگر یہ معمہ، معمہ ہی رہا۔

اسرارِ ازل را نہ تو دانی و نہ من

ویں حرفِ معمہ نہ تو خوانی و نہ من

ہست از پسِ پردہ گفتگوئے من و تو

چوں پردہ برافتد، نہ تو مانی و نہ من

ہم اس الجھاؤ کو نئے نئے حل نکال کر سلجھانے کی جتنی کوششیں کرتے ہیں وہ اور زیادہ الجھتا جاتا ہے۔ ایک پردہ سامنے دکھائی دیتا ہے اسے ہٹانے میں نسلوں کی نسلیں گزار دیتے ہیں لیکن جب وہ ہٹتا ہے تو معلوم ہوتا ہے سو پردے اور اس کے پیچھے پڑے تھے اور جو پردہ ہٹا تھا وہ فی الحقیقت پردے کا ہٹنا نہ تھا بلکہ نئے نئے پردوں کا نکل آنا تھا۔ ایک سوال کا جواب ابھی مل نہیں چکتا کہ دس نئے سوال سامنے آ کھڑے ہوتے ہیں۔ ایک راز ابھی حل نہیں ہو چکتا کہ سو نئے راز چشمک کرنے لگتے ہیں :

دریں میدان پُر نیرنگ حیران ست دانائی

کہ یک ہنگامہ آرائی و صد کشور تماشائی

"آئن سٹائن" (Einstein) نے اپنی ایک کتاب ("دی ایولیوشن آف فزکس" جس کی ترتیب میں لیوپولڈ انفیلڈ بھی شریک تھا) میں سائنس کی جستجوئے حقیقت کی سرگرمیوں کو شرلاک ہومز کی سراغ رسانیوں سے تشبیہ دی ہے، اور اس میں شک نہیں کہ نہایت معنی خیز تشبیہ دی ہے۔ علم کی یہ سراغ رسانی فطرت کی غیر معلوم گہرائیوں کا کھوج لگانا چاہتی تھی، مگر قدم قدم پر نئے مرحلوں اور نئی نئی دشواریوں سے دوچار

ہوتی رہی۔ ڈی مقراطیس (Democritus) کے زمانہ سے لے کر جس نے چار سو برس قبل مسیح مادہ کے سالمات (Atoms) کی نقش آرائی کی تھی، آج تک، جبکہ نظریہ مقادیر عنصری (Quantum Theory) کی رہنمائی میں ہم سالمیات کا از سر نو تعاقب کر رہے ہیں، علم کی ساری کد و کاوش کا نتیجہ اس کے سوا کچھ نہ نکلا کہ پچھلی گتھیاں سلجھتی گئیں، نئی نئی گتھیاں پیدا ہوتی گئیں۔ اس ڈھائی ہزار برس کی مسافرت میں ہم نے بہت سی نئی منزلوں کا سراغ پا لیا جو اثنائے سفر میں نمودار ہوتی رہیں، لیکن حقیقت کی وہ آخری منزل مقصود جس کے سراغ میں علم کا مسافر نکلا تھا، آج بھی اسی طرح غیر معلوم ہے، جس طرح ڈھائی ہزار برس پہلے تھے۔ ہم جس قدر اس سے قریب ہونا چاہتے ہیں، اتنا ہی وہ دور ہوتی جاتی ہے:

با من آویزشِ او الفتِ موج ست و کنار
دم بدم با من و ہر لحظہ گریزاں از من

دوسری طرح ہم محسوس کرتے ہیں کہ ہمارے اندر ایک نہ بجھنے والی پیاس کھول رہی ہے جو اس معمۂ ہستی کا کوئی حل چاہتی ہے۔ ہم کتنا ہی اسے دبانا چاہیں، مگر اس کی تپش لبوں پر آ ہی جائے گی۔ ہم بغیر ایک حل کے سکونِ قلب نہیں پا سکتے۔ بسا اوقات ہم اس دھوکے میں پڑ جاتے ہیں کہ کسی تشفی بخش حل کی ہمیں ضرورت نہیں

لیکن یہ محض ایک بناوٹی تخیل ہوتا ہے اور جونہی زندگی کے قدرتی تقاضوں سے ٹکراتا ہے، پاش پاش ہو کر رہ جاتا ہے۔

یورپ اور امریکہ کے مفکروں کے تازہ ترین مآثر کا مطالعہ کیجیے اور دیکھیے، موجودہ جنگ نے ان تمام دماغوں میں جو کل تک اپنے آپ کو مطمئن تصور کرنے کی کوشش کرتے تھے کیسا تہلکہ مچا رکھا ہے؟ ابھی چند دنوں کی بات ہے کہ پروفیسر جوڈ (Joad) کا ایک مقالہ میری نظر سے گزرا۔ وہ لکھتا ہے کہ ان تمام فیصلوں پر جو ہم نے خدا اور ہستی کے بارے میں کیے تھے، اب از سرِ نو غور کرنا چاہیے۔ یہ پروفیسر جوڈ کا بعد از جنگ کا اعلان ہے لیکن پروفیسر جوڈ کے قبل از جنگ کے اعلانات کس درجہ اس سے مختلف تھے؟ برٹرینڈ رسل (Bertrand Russell) نے بھی گزشتہ سال ایک مطول مقالہ میں جو بعض امریکی رسائل میں شائع ہوا، ایسی ہی رائے ظاہر کی تھی۔

مگر جس وقت یہ معمہ انسانی دماغ کے سامنے نیا نیا ابھرا تھا، اسی وقت اس کا حل بھی ابھر آیا تھا۔ ہم اس حل کی جگہ دوسرا حل ڈھونڈنا چاہتے ہیں اور یہیں سے ہماری تمام بے حاصلیاں سر اٹھانا شروع کر دیتی ہیں۔

اچھا، اب غور کیجیے، اس معمہ کے حل کی کاوش بالآخر ہمیں کہاں سے کہاں لے جا کر کھڑا کر دیتی ہے۔ یہ پورا کارخانۂ ہستی اپنے ہر گوشہ اور اپنی ہر نمود میں سر تا سر ایک

سوال ہے۔ سورج سے لے کر اس کی روشنی کے ذروں تک، کوئی نہیں جو یک قلم پرسش و تقاضا ہو۔ "یہ سب کچھ کیا ہے؟"، "یہ سب کچھ کیوں ہے؟"، "یہ سب کچھ کس لیے ہے؟" ہم عقل کا سہارا لیتے ہیں اور اس روشنی میں جسے ہم نے علم کے نام سے پکارا ہے، جہاں تک راہ ملتی ہے چلتے چلے جاتے ہیں لیکن ہمیں کوئی حل ملتا نہیں جو الجھاؤ اس کے تقاضوں کی پیاس بجھا سکے۔ روشنی گل ہو جاتی ہے، آنکھیں پتھرا جاتی ہیں اور عقل و ادراک کے سارے سہارے جواب دے دیتے ہیں لیکن پھر جونہی ہم پرانے حل کی طرف لوٹتے ہیں اور اپنی معلومات میں صرف اتنی بات بڑھا دیتے ہیں کہ "ایک صاحب ادراک و ارادہ قوت پس پردہ موجود ہے" تو اچانک صورتِ حال یک قلم منقلب ہو جاتی ہے اور ایسا معلوم ہونے لگتا ہے جیسے اندھیرے سے نکل کر یکایک اجالے میں آ کھڑے ہوئے ہیں۔ اب جس طرف بھی دیکھتے ہیں، روشنی ہی روشنی ہے۔ ہر سوال نے اپنا جواب پا لیا، ہر تقاضے کی طلب پوری ہو گئی، ہر پیاس کو سیرابی مل گئی۔ گویا یہ سارا الجھاؤ ایک قفل تھا جو اس کنجی کے چھوتے ہی کھل گیا۔

چنداں کہ دس و پا زدم، آشفتہ تر شدم
ساکن شدم، میانۂ دریا کنار شد

اگر ایک ذی عقل ارادہ پسِ پردہ موجود ہے تو یہاں جو کچھ ہے، کسی ارادہ کا نتیجہ ہے اور کسی معین اور طے شدہ مقصد کے لیے ہے۔ جونہی یہ حل سامنے رکھ کر ہم اس گورکھ دھندے کو ترتیب دیتے ہیں معاً اس کی ہر کج پیچ نکل جاتی ہے اور ساری چولیں اپنی اپنی جگہ ٹھیک آکر بیٹھ جاتی ہیں۔ کیونکہ ہر "کیا ہے؟" اور "کیوں ہے؟" کو ایک معنی خیز جواب مل جاتا ہے۔ گویا اس معمہ کے حل کی ساری روح ان چند لفظوں کے اندر سمٹی ہوئی تھی۔ جونہی یہ سامنے آئے معمہ معمہ نہ رہا، ایک معنی خیز داستان بن گیا۔ پھر جونہی یہ الفاظ سامنے سے ہٹنے لگتے ہیں تمام معانی و اشارات غائب ہو جاتے ہیں اور ایک خنک اور بے جان چیستان باقی رہ جاتی ہے۔

اگر جسم میں روح بولتی ہے اور لفظ میں معنی ابھرتا ہے تو حقائق ہستی کے اجسام بھی اپنے اندر کوئی روح معنی رکھتے ہیں۔ یہ حقیقت کہ معمۂ ہستی کے بے جان اور بے معنی جسم میں صرف اسی ایک حل سے روح معنی پیدا ہو سکتی ہے، ہمیں مجبور کر دیتی ہے کہ اس حل کو حل تسلیم کر لیں۔

اگر کوئی ارادہ اور مقصد پردے کے پیچھے نہیں ہے تو یہاں تاریکی کے سوا اور کچھ نہیں ہے لیکن اگر ارادہ اور مقصد کام کر رہا ہے تو جو کچھ بھی ہے، روشنی ہی روشنی ہے۔ ہماری فطرت میں روشنی کی طلب ہے۔ ہم اندھیرے میں کھوئے جانے کی جگہ روشنی

میں چلنے کی طلب رکھتے ہیں اور ہمیں یہاں روشنی کی راہ صرف اسی ایک حل سے مل سکتی ہے۔

فطرت کائنات میں ایک مکمل مثال (Pattern) کی نموداری ہے۔ ایسی مثال جو عظیم بھی ہے اور جمالی (Aesthetic) بھی۔ اس کی عظمت ہمیں مرعوب کرتی ہے۔ اس کا جمال ہم میں محویت پیدا کرتا ہے۔ پھر کیا ہم فرض کرلیں کہ فطرت یہ نمود بغیر کسی مدرک (Intelligent) قوت کے کام کر رہی ہے؟ ہم چاہتے ہیں کہ فرض کر لیں مگر نہیں کر سکتے۔ ہمیں محسوس ہوتا ہے کہ ایسا فرض کرلینا ہماری دماغی خودکشی ہو گی۔

اگر غور کیجیے، تو اس حل پر یقین کرتے ہوئے ہم اسی طریق نظر سے کام لینا چاہتے ہیں، جو ریاضیات کے اعدادی اور پیمائشی حقائق سے ہمارے دماغوں میں کام کرتا رہتا ہے۔ ہم کسی عددی اور پیمائشی الجھاؤ کا حل صرف اسی حل کو تسلیم کریں گے، جس کے ملتے ہی الجھاؤ دور ہو جائے۔ الجھاؤ کا دور ہو جانا ہی حل کی صحت کی اٹل دلیل ہوتی ہے۔ بلاشبہ دونوں صورتوں میں الجھاؤ اور حل کی نوعیت ایک طرح کی نہیں ہوتی، اعدادی مسائل میں الجھاؤ عددی ہوتا ہے، یہاں عقلی ہے۔ وہاں عددی حل عددی حقائق کا یقین پیدا کرتا ہے، یہاں عقلی حل عقلی اذعان کی طرف رہنمائی کرتا ہے۔ تا

ہم طریق نظر کا سانچا دونوں جگہ ایک ہی طرح کا ہوا، دونوں راہیں ایک ہی طرح کھلتی اور ایک ہی طرح بند ہوتی ہیں۔

اگر کہا جائے، حل کی طلب ہم اس لیے محسوس کرتے ہیں کہ اپنے محسوسات و تعقل کے محدود دائرے میں اس کے عادی ہو گئے ہیں، اور اگر اس حل کے سوا اور کسی حل سے ہمیں تشفی نہیں ملتی، تو تو یہ بھی اسی لیے ہے کہ ہم حقیقت تولنے کے لیے اپنے محسوسات کا ہی ترازو ہاتھ میں لیے ہوئے ہیں۔ تو اس کا جواب بھی صاف ہے۔ ہم اپنے آپ کو اپنے فکر و نظر کے دائرے سے باہر نہیں لے جا سکتے۔ ہم مجبور ہیں کہ اسی کے اندر رہ کر سوچیں اور حکم لگائیں۔ اور یہ جو ہم کہہ رہے ہیں کہ "ہم مجبور ہیں کہ سوچیں اور حکم لگائیں" تو:

ایں سخن نیز بہ اندازۂ ادراک من است

مسئلہ کا ایک اور پہلو بھی ہے، جو اگر غور کریں تو فوراً ہمارے سامنے نمایاں ہو جائے گا۔

انسان کے حیوانی وجود نے مرتبۂ انسانیت میں پہنچ کر نشو و ارتقا کی تمام پچھلی منزلیں بہت پیچھے چھوڑ دی ہیں، اور بلندی کے ایک ایسے ارفع مقام تک پہنچ گیا ہے، جو اسے کرۂ ارضی کی تمام مخلوقات سے ممتاز کر دیتا ہے۔ اب اسے اپنی لامحدود ترقیوں کے

لیے ایک لا محدود بلندی کا نصب العین چاہیئے، جو اسے برابر اوپر ہی کی طرف کھینچتا رہے۔ اس کے اندر بلند سے بلند تر ہوتے رہنے کی طلب ہمیشہ ابلتی رہتی ہے، اور وہ اونچی سے اونچی بلندی تک اڑ کر بھی رکنا نہیں چاہتی۔ اس کی نگاہیں ہمیشہ اوپر ہی کی طرف لگی رہتی ہیں۔ سوال یہ ہے کہ یہ لا محدود بلندیوں کا نصب العین کیا ہو سکتا ہے؟ ہمیں بلا تامل تسلیم کر لینا پڑے گا کہ خدا کی ہستی کے سوا اور کچھ نہیں ہو سکتا۔ اگر یہ ہستی اس کے سامنے سے ہٹ جائے، تو پھر اس کے لیے اوپر کی طرف دیکھنے کے لیے کچھ بھی باقی نہیں رہے گا۔

کرۂ ارضی کی موجودات میں جتنی چیزیں ہیں، سن انسان کے نچلے درجے کی ہیں، وہ ان کی طرف نظر نہیں اٹھا سکتا۔ اس کے اوپر اجرام سماوی کی موجودات پھیلی ہوئی ہیں، لیکن ان میں بھی کوئی ہستی ایسی نہیں جو اس کے لیے نصب العین بن سکے۔ وہ چمکتے ہوئے ستاروں سے عشق نہیں کر سکتا۔ سورج اس کے جسم کو گرمی بخشتا ہے۔ لیکن اس کی مخفی قوتوں کی امنگوں کو گرم نہیں کر سکتا۔ ستارے اس کی اندھیری راتوں میں قندیلیں روشن کر دیتے ہیں، لیکن اس کے دل و دماغ کے نہاں خانہ کو روشن نہیں کر سکتے۔ پھر وہ کون سی ہستی ہے جس کی طرف وہ اپنی بلند پروازیوں کے لیے نظر اٹھا سکتا ہے؟

یہاں اس کے چاروں طرف پستیاں ہی پستیاں ہیں، جو اسے انسانیت کی بلندی سے پھر حیوانیت کی پستیوں کی طرف لے جانا چاہتی ہیں، حالانکہ وہ اوپر کی طرف اڑنا چاہتا ہے۔ وہ عناصر کے درجے سے بلند ہو کر نباتاتی زندگی کے درجے میں آیا۔ نباتات سے بلند ہو کر حیوانی زندگی کے درجہ میں پہنچا، پھر حیوانیت کے درجے سے اڑ کر انسانیت کی شاخ بلند پر اپنا آشیانہ بنایا۔

اب وہ اس بلندی سے پھر نیچے کی طرف نہیں دیکھ سکتا، اگر چہ حیوانیت کی پستی اسے برابر نیچے کی طرف کھینچتی رہتی ہے۔ وہ فضا کی لا انتہا بلندیوں کی طرف آنکھ اٹھاتا ہے:

نہ باندازۂ بازوست کمندم، ہیہات
ورنہ با گوشۂ بامیم سروکارے ہست

اسے بلندیوں، لامحدود بلندیوں کا ایک بام رفعت چاہیے۔ جس کی طرف وہ برابر دیکھتا رہے، اور جو اسے ہر دم بلند سے بلند تر ہوتے رہنے کا اشارہ کرتا رہے:

ترا ز کنگرۂ عرش می زنند صفیر
ندانمت کہ دریں دام گہ چہ افتاد است

اس حقیقت کو ایک جرمن فلسفی ریل (Rihel) نے ان لفظوں میں ادا کیا تھا : "انسان تن کر سیدھا کھڑا نہیں ہو سکتا جب تک کوئی ایسی چیز اس کے سامنے نہ ہو جو اس سے بلند تر ہے، وہ کسی بلند چیز کے دیکھنے ہی کے لیے سر اوپر کر سکتا ہے۔"

بلندی کا یہ نصب العین خدا کی ہستی کے تصور کے سوا اور کیا ہو سکتا ہے؟ اگر یہ بلندی اس کے سامنے سے ہٹ جائے، تو پھر اسے نیچے کی طرف دیکھنے کے لیے جھکنا پڑے گا۔ اور جونہی اس نے نیچے کی طرف دیکھا، انسانیت کی بلندی پستی میں گرنے لگے گی۔

یہی صورت حال ہے جو ہمیں یقین دلاتی ہے کہ خدا کی ہستی کا عقیدہ انسان کی ایک فطری احتیاج کے تقاضے کا جواب ہے، اور چونکہ فطری تقاضے کا جواب ہے، اس لئے اس کی جگہ انسان کے اندر پہلے سے موجود ہونی چاہیے، بعد کی بنائی ہوئی بات نہیں ہوئی۔

زندگی کے ہر گوشے میں انسان کے فطری تقاضے ہیں۔ فطرت نے فطری تقاضوں کے فطری جواب دیے ہیں اور دونوں کا دامن ایک دوسرے کے ساتھ باندھ دیا ہے کہ اب اس کا فیصلہ نہیں کیا جا سکتا، دونوں میں سے کون پہلے ظہور میں آیا تھا، تقاضے پہلے پیدا ہوئے تھے یا ان کے جوابوں نے پہلے سر اٹھایا تھا! چنانچہ جب ہم کوئی فطری

تقاضا محسوس کرتے ہیں تو ہمیں پورا پورا یقین ہوتا ہے کہ اس کا جواب بھی ضرور موجود ہوگا۔ اس حقیقت میں ہمیں کبھی شبہ نہیں ہوتا۔

مثلاً ہم دیکھتے ہیں انسان کے بچہ کی دماغی نشوونما اور اس کی قوت محاکات کے ابھرنے کے لیے مثالوں اور نمونوں کی ضرورت ہوتی ہے، وہ مثالوں اور نمونوں کے بغیر ہی اپنی فطری قوتوں کو ان کی اصلی چال نہیں چلا سکتا۔ حتیٰ کہ بات کرنا بھی نہیں سیکھ سکتا، جو اس کے مرتبۂ انسانیت کا بنیادی وصف ہے، اور چونکہ یہ اس کی فطری طلب ہے، اس لئے ضروری تھا کہ خود فطرت ہی نے اسے اول روز سے اس کا جواب بھی مہیا کر دیا ہوتا۔ چنانچہ یہ جواب پہلے "ماں" کی ہستی میں ابھرتا ہے، پھر "باپ" کے نمونے میں سر اٹھاتا ہے۔ پھر روز بروز اپنا دامن پھیلاتا جاتا ہے۔ اب غور کیجیے کہ اس صورت حال کا یقین کس طرح ہمارے دماغوں میں بسا ہوا ہے! ہم کبھی اس میں شک کر ہی نہیں سکتے۔ ہمارے دماغوں میں یہ سوال اٹھتا ہی نہیں کہ بچے کے لیے والدین کا نمونہ ابتدا ہی سے کام دیتا آیا ہے یا بعد کو انسانی بناوٹ نے پیدا کیا ہے! کیونکہ ہم جانتے ہیں کہ یہ ایک فطری مطالبہ ہے اور فطرت کے تمام مطالبے جبھی سر اٹھاتے ہیں، جب اس کے جواب کا بھی سر و سامان مہیا ہوتا ہے۔

ٹھیک اسی طرح اگر ہم دیکھتے ہیں کہ انسانی دماغ کی نشوونما ایک خاص درجہ تک پہنچ کر ان تمام نمونوں سے آگے بڑھ جاتی ہے جو اس کے چاروں طرف پھیلے ہوئے ہیں اور اپنے عروج اور ارتقا جاری رکھنے کے لیے اوپر کی طرف دیکھنے کے لیے مجبور ہو جاتی ہے، تو ہمیں یقین ہو جاتا ہے کہ یہ اس کی ہستی کا ایک فطری مطالبہ ہے۔ اور اگر فطری مطالبہ ہے تو اس کا فطری جواب بھی خود اس کی پستی کے اندر ہی موجود ہو، اور اس کے ہوش و خرد نے آنکھیں کھولتے ہی اسے اپنے سامنے دیکھ لیا ہو۔ یہ جواب کیا ہو سکتا ہے؟ جس قدر جستجو کرتے ہیں، خدا کی ہستی کے سوا اور کوئی دکھائی نہیں دیتا۔ آسٹریلیا کے وحشی قبائل سے لے کر تاریخی عہد کے متمدن انسانوں تک کوئی بھی اس تصور کی امنگ سے خالی نہیں رہا۔ رگ وید کے زمزموں کا فکری مواد اس وقت بننا شروع ہوا تھا جب تاریخ کی صبح بھی پوری طرح طلوع نہیں ہوئی تھی۔ اور حتیوں (Hittites) اور عیلامیوں نے جب اپنے تعبدانہ تصورات کے نقش و نگار بنائے تھے، تو انسانی تمدن کی طفولیت نے ابھی ابھی آنکھیں کھولی تھیں۔ مصریوں نے ولادت مسیح سے ہزاروں سال پہلے اپنے خدا کو طرح طرح کے ناموں سے پکارا، اور کالڈیا کے صنعت گروں نے مٹی کی پکی ہوئی اینٹوں پر حمد و ثنا کے وہ ترانے کندہ کیے، جو گزری ہوئی قوموں سے انہیں ورثے میں ملے تھے:

درہیچ پردہ نیست ، نہ باشد نوائے تو
عالم پُرست از تو و خالیست جائے تو

ابوالفضل نے عبادت گاہ کشمیر کے لیے کیا خوب کتبہ تجویز کیا، "الٰہی، بہ ہر خانہ کہ می نگرم جویائے تواند و بہ ہر زبان کہ می شنوم، گویائے تو"

اے تیر غمت رادل عشاق نشانہ
خلقے بہ تو مشغول و تو غائب زمیانہ
گہ معتکف دیرم وگہ ساکن کعبہ
یعنی کہ ترا می طلبم خانہ بہ خانہ

ابوالکلام

خط نمبر ۱۳

قلعۂ احمد نگر

۱۸ اکتوبر ۱۹۴۲ء

صدیق مکرم

کل کا مکتوب کاغذ پر ختم ہو چکا تھا، لیکن دماغ میں ختم نہیں ہوا تھا۔ اس وقت قلم اٹھایا تو پھر خیالات اسی رُخ پر بڑھنے لگے۔

غور و فکر کی یہی منزل ہے جو ہمیں ایک دوسری حقیقت کی طرف بھی متوجّہ کر دیتی ہے۔ یہ کیا بات ہے کہ انسان خدا کے ماورائے تعقّل اور غیر شخصی تصوّر پر قانع نہ رہ سکا اور کسی نہ کسی شکل میں اپنے فکر و احساسات کے مطابق ایک شخصی تصوّر پیدا کرتا رہا؟ میں "شخصی" تصور اُس معنی میں بول رہا ہوں، جس معنی میں "پرسنل گاڈ" (Personal God) کی اصطلاح بولی جاتی ہے۔ شخصی تصوّر کے مختلف مدارج ہیں،

ابتدائی درجہ تو شخصِ محض کا ہوتا ہے، جو صرف شخصیت کا اثبات کرنا ہے، لیکن پھر آگے چل کر یہ شخصیت خاص خاص صفتوں اور فعالیتوں کا جامہ پہن لیتی ہے۔ سوال یہ ہے کہ یہ جامہ ناگزیر کیوں ہوا؟ اس کی علّت بھی یہی ہے کہ انسان کی فطرت کو بلندی کے ایک نصب العین کی ضرورت ہے، اور اس کی ضرورت کی پیاس بغیر ایک متشخّص اور علائق نواز تصور کے بجھ نہیں سکتی۔ حقیقت کچھ ہی ہو، لیکن یہ تصور جب کبھی اُس کے سامنے آئے گا، تو تشخّص کی ایک نقاب چہرہ پر ضرور ڈال دے گا۔ یہ نقاب کبھی بھاری رہی کبھی ہلکی ہو گئی، کبھی ڈرانے والی رہی، کبھی لُبھانے والی بن گئی، لیکن کبھی چہرے سے اتری نہیں اور یہیں سے ہمارے دیدہ صورت پرست کی ساری درماندگیاں شروع ہو گئیں:

برچہرۂ حقیقت اگر ماند پردۂ

جرمِ نگاہِ دیدۂ صورت پرستِ ماست

دنیا میں وحدت الوجود (Pantheism) کے عقیدہ کا سب سے قدیم سرچشمہ ہندوستان ہے۔ غالباً یونان اور اسکندریہ میں بھی یہیں سے یہ عقیدہ پہنچا، اور مذہب افلاطونِ جدید (Neo- Platonism) نے (جسے غلطی سے عربوں نے افلاطون کا مذہب خیال کیا تھا) اس پر اپنی اشراقی عمارتیں استوار کیں۔ یہ عقیدہ حقیقت کے تصور

کو ہر طرح کے تصوّری تشخصیات سے منزّہ کر کے ایک کامل مطلق اور بحث تصوّر قائم کر دیتا ہے ۔ اس تصور کے ساتھ صفات متشکل نہیں ہو سکتیں، اور اگر ہوتی بھی ہیں، تو تعینات اور مظاہر کے اعتبار سے، نہ کہ ذات مطلق کی ہستی کے اعتبار سے ۔ اس عقیدے کا روشناس اُس کی ذات کے بارے میں بجز اس کے "ہے" اور کچھ نہیں سکتا، یہاں تک کہ اشارہ بھی نہیں کر سکتا. اگر ہم اپنے اشارات کی پرچھائیں بھی اس پر پڑنے دیتے ہیں تو ذات مطلق، مطلق نہیں رہتی، تشخّص او حدود کے غبار سے آلودہ ہو جاتی ہے ۔ بابا افغانی نے دو مصرعوں کے اندر سب کچھ کہہ دیا ہے :

مشکل حکایتیست کہ ہر زرہ عینِ اُوست

امّا نمی تواں کہ اشارت بہ اُو کنند

یہی وجہ ہے کہ ہندوستان کے اوپنشیدان نے نفی صفات کی راہ اختیار کی اور تنزیہہ کی "نیتی نیتی" کو بہت دور تک لے گئے ۔ ۔ لیکن پھر دیکھیے، اسی ہندوستان کو اپنی پیاس اس طرح بجھانی پڑی کہ نہ صرف برہما (ذاتِ مطلق) کو ایشور (ذاتِ متصّف و مشخّص) کی نمود میں دیکھنے لگے، بلکہ پتھر کی مورتیاں بھی تراش کر سامنے رکھ لیں کہ دل کے اٹکاوَ کا کوئی توٹھکانہ سامنے رہے :

کرے کیا کعبہ میں جو سرِ بت خانہ سے آگہ ہے

یہاں تو کوئی صورت بھی ہے، واں اللہ ہی اللہ ہے

یہودیوں نے خدا کو ایک قاہر و جابر شہنشاہ کی صورت میں دیکھا، اور اسرائیل کے گھرانے سے اس کا رشتہ ایسا ہوا جیسا ایک غیور شوہر کا اپنی چہیتی بیوی کے ساتھ ہوتا ہے۔ شوہر اپنی بیوی کی ساری خطائیں معاف کر دے گا، مگر اس کی بیوفائی کبھی معاف نہیں کرے گا، کیونکہ اس کی غیرت گواہ نہیں کرتی کہ اس کی محبّت کے ساتھ کسی دوسرے کی محبّت بھی شریک ہو۔إن اللہ لا یَغفُر اَن یُشَرکَ بِہ وَ یَغفِرُ مَا دُونَ ذالِکَ لمَن یَشَاءُ۔ چنانچہ تورات کے احکام عشرہ میں ایک حکم یہ تھا: "تو کسی چیز کی مورتی نہ بنائیو، نہ اس کے آگے جھکیو، کیونکہ میں خداوند تیرا خدا ایک غیور خدا ہوں۔" لیکن پھر زمانہ جوں جوں بڑھتا گیا، یہ تصوّر بھی زیادہ وسعت اور رقّت پیدا کرتا گیا۔ یہاں تک کہ یسعیا[ہ](Isaiah) ثانی (انیسویں صدی میں بائبل کے نقد و تدبّر کا جو مسلک "انتقادِ اعلیٰ" کے نام سے اختیار کیا گیا تھا، اس کے بعض فیصلے آج تک طے شدہ سمجھے جاتے ہیں، از آنجملہ یہ کہ یسعیاہ نبی کے نام سے جو صحیفہ موجود ہے، وہ تین مختلف مصنّفوں نے تین مختلف زمانوں میں مرتّب کیا ہوگا۔ باب اوّل سے باب ۳۹ تک ایک مصنف کا کلام ہے، باب ۴۰ سے باب ۵۵ آیت ۱۳ تک دوسرے مصنف کا، اور اس کے بعد کا آخری حصّہ تیسرے کا۔ ان تینوں مصنّفوں کو

امتیاز کے لیے یسعیاہ اول، ثانی اور ثالث سے موسوم کیا جاتا ہے۔) کے زمانے میں
اُس تصور کی بنیادیں پڑنے لگیں جو آگے چل کر مسیحی تصور کی شکل اختیار کرنے والا
تھا۔ چنانچہ مسیحیت نے شوہر کی جگہ باپ (ہندو تصور نے باپ کی جگہ ماں کی تمثیل اختیار
کی تھی، کیونکہ ماں کی محبت باپ کی محبت سے بھی زیادہ گہری اور غیر متزلزل ہوتی
ہے۔) کو دیکھا کیونکہ باپ اپنے بچوں کے لیے سر تا سر رحم و شفقت اور یک قلم عفو
درگذر ہوتا ہے:

من بد کنم و تو بد مکافات دہی
پس فرق میانِ من و تو چیست بگو

اسلام نے اپنے عقیدہ کی بنیاد سر تا سر تنزیہہ پر رکھی ہے۔ لَیسَ کَمِثلِہٖ شَیٔ میں تشبیہ کی
ایسی عام اور قطعی نفی کر دی کہ ہمارے تصوری تشخّص کے لیے کچھ بھی نہیں رہا لَا
تَضرِبُوللہِ الاُمثَالَ نے تمثیلوں کے سارے دروازے بند کر دیے۔ لَاتُدرِکُہُ الَابصَارُ اور
لَن تَرَانِی وَلٰکِن اُنظُرِ اِلَی الجَبَلِ نے ادراک حقیقت کی کوئی اُمید باقی نہ چھوڑی:

زبان ببند و نظر باز کن کہ منعِ کلیم
اشارت از ادب آموزی تقاضائی ست

تاہم انسان کے نظّارہ تصوّر کے لیے اسے بھی صفات کی ایک صورت آرائی کرنی ہی پڑی اور تنزیہہ مطلق نے صفاتی تشخّص کا جامہ پہن لیا وَ اللہِ الاَسماءُ الحُسنیٰ فادعُوہُ بِہَا اور صرف اتنے پر ہی معاملہ نہیں رُکا، جا بجا مجازات کے جھروکے بھی کھولنے پڑے بَل یَدَاہُ مَبسُوطَتَانِ، یَدُ اللہِ فَوقَ اَیدیھِم اور مَا رَمَیت اِذ رَمَیتَ وَ لکِنَّ اللہَ رَمیٰ اور الرَّحمٰنُ عَلَی العَرشِ اِستَویٰ اور اَنّ رَبَّک لَبا لمِرصَاد اور کُلَّ یَوم ھُوَا فِی شَانِ:

ہر چند ہو مشاہدہ حق کی گفتگو
بنتی نہیں ہے بادہ و ساغر کہے بغیر

اس سے معلوم ہوا کہ بلندی کے ایک نصب العین کی طلب انسان کی فطرت کی طلب ہے اور وہ بغیر کسی ایسے تصور کے پوری نہیں ہو سکتی، جو کسی نہ کسی شکل میں اس کے سامنے آئے اور سامنے جبھی آ سکتا ہے کہ اس کے مطلق اور غیر مشخّص چہرہ پر کوئی نہ کوئی نقاب تشخّص کی پڑ گئی ہو:

آہ ازاں حوصلۂ تنگ و ازاں حسنِ بلند
کہ دلم را گلہ از حسرت دیدار تو نیست

غیر صفاتی تصوّر کو انسانی دماغ پکڑ نہیں سکتا، اور طلب اُسے ایسے مطلوب کی ہوئی، جو اس کی پکڑ میں آ سکے۔ وہ ایک ایسا جلوۂ محبوبی چاہتا ہے، جس میں اس کا دل اٹک سکے، جس کے حسنِ گریزاں کے پیچھے والہانہ دوڑ سکے، جس کا دامنِ کبریائی پکڑنے کے لیئے اپنا دستِ عجز و نیاز بڑھا سکے، جس کے ساتھ راز و نیازِ محبّت کی راتیں بسر کر سکے، جو اگرچہ زیادہ سے زیادہ بلندی پر ہو، لیکن پھر بھی اسے ہر دم جھانک لگائے تانک رہا ہو لہ اِنَّ رَبَّکَ لَبا المَرصَاد (بلا شبہ تیرا پروردگار تجھے ہر دم جھانک لگائے تاک رہا ہے۔)

اور وَاِذَا آسئَلک عِبادِی عَنّی فَاِنّیْ قَرِیبُ اُجِیبُ دَعوَۃَ الدَّاعِ اِذاَ دَعَانِ۔ (اے پیغمبر! جب میری نسبت میرے بندے تجھ سے دریافت کریں تو (اُن سے کہہ دے) میں ان سے دُور کب ہوں؟ میں تو ہر پکارنے والے کی پکار کا جواب دیتا ہوں۔)

در پردۂ و برہمہ کس پردہ می دری
باہر کسی و باتو کسے راوصال نیست

غیر صفاتی تصوّرِ محض نفی و سلب ہوتا ہے، مگر صفاتی تصور نفیِ تشبّہ کے ساتھ ایک ایجابی صورت بھی متشکل کر دیتا ہے۔ اسی لئے یہاں صفات کی نقش آرائیاں ناگزیر

ہوئیں، اور یہی وجہ ہے کہ مسلمانوں میں علمائے سلف اور اصحابِ حدیث نے تفویض کا مسلک اختیار کیا اور تاویلِ صفات سے گریزاں رہے اور اِسی بِنا پر انھوں نے جہمیہ کے انکارِ صفات کو تعطّل سے تعبیر کیا اور معتزلہ و متکلّمین کی تاویلوں میں بھی تعطیل کی بُو سونگھنے لگے۔ متعکلمین نے اصحابِ حدیث کو تشبّہ اور تجسُّم (Anthropolomorphism) کا الزام دیا تھا، مگر وہ کہتے تھے، تمہارے تعطّل سے تو ہمارا نام نہاد تشبیہ ہی بہتر ہے، کیونکہ یہاں تصوّر کے لیے ایک ٹھکانا تو باقی رہتا ہے؟ تمہاری سلب و نفی کی کاوشوں کے بعد تو کچھ بھی باقی نہیں رہتا!

ہندوستان کے اوپنشیدوں نے ذاتِ مطلق کو ذاتِ متّصف میں اُتارتے ہوئے جن تنزّلات کا نقشہ کھینچا ہے، مسلمان صوفیوں نے اس کی تعبیر "احدیّت" اور "واحدیت" کے مراتب میں دیکھی۔ "احدیّت" کا مرتبہ یکتائیٔ محض کا ہوا، لیکن "واحدیت" کی جگہ اوّل کی ہوئی، اور اوّلیت کا مرتبہ چاہتا ہے کہ دوسرا، تیسرا، چوتھا بھی ہو۔ کنت کنزًا مخفیًا فاحببت ان اعرف فخلقت الخلق حدیثِ قدسی نہیں ہے، مگر جس کسی کا بھی قول ہے، اس میں شک نہیں کہ ایک بڑے ہی گہرے تفکّر کی خبر دیتا ہے:

دل کُشتۂ یکتائیٔ حسن است، وگرنہ
درپیش تو آئینہ شکستن ہنرے بود

ترجمان القرآن جلد اوّل میں بہ ضمن تفسیر سورہ فاتحہ، اور جلد دوم میں نہ ضمن تفسیرو لا تضربوا لله الامثال اس مبحث کی طرف اشارات کیے گئے ہیں، اور مبحث ایسا ہے کہ اگر پھیلایا جائے، تو بہت دور تک پھیل سکتا ہے۔

تلقینِ درس اہلِ نظریک اشارت ست
کردم اشارتے و مکرر نمی کنم

اس سلسلے میں ایک اور مقام بھی نمایاں ہوتا ہے اوراس کی وسعت بھی ہمیں دور دور تک پہنچا دیتی ہے۔ اگر یہاں مادّہ کے سوا اور کچھ نہیں ہے تو پھر مرتبۂ انسانی میں اُبھرنے والی وہ قوّت، جسے ہم فکر و ادراک کے نام سے پُکارتے ہیں کیا ہے؟ کس انگیٹھی سے چنگاری اُڑی؟ یہ کیا ہے جو ہم میں جوہر پیدا کردیتی ہے کہ خود مادّہ کی حقیقت میں غور و خوض کرنے لگتے ہیں اوراس پر طرح طرح کے احکام لگاتے ہیں؟ یہ سچ ہے کہ موجودات کی ہر چیز کی طرح یہ بھی بتدریج اس درجہ تک پہنچا۔ وہ عرصہ تک نباتات میں سوتا رہا۔ حیوانات میں کروٹ بدلنے لگا، اور پھر انسانیت کے مرتبہ میں پہنچ کر جاگ اُٹھا، لیکن صورتِ حال کا یہ علم ہمیں اس گتھی کے سلجھانے میں کچھ مدد نہیں دیتا۔ یہ بیج فوراً بار لے آیا ہو، یا مدّتوں کے نشوو ارتقا کے بعد اس درجہ تک پہنچا ہو، بہر حال مرتبۂ انسانیت کا جوہر و خلاصہ ہے اوراپنی نمو و حقیقت میں تمام مجمعِ موجودات سے اپنی جگہ

الگ اور بالاتر رکھتا ہے۔ یہی مقام ہے جہاں پہنچ کر انسان حیوانیت کی پچھلی کڑیوں سے جدا ہو گیا اور کسی آیندہ کڑی تک مرتفع ہونے کی استعداد اس کے اندر سے سر اٹھانے لگی۔ وہ زمین کی حکمرانی کے تخت پر بیٹھ کر جب اوپر کی طرف نظر اٹھاتا ہے، تو فضا کے تمام اجرام اُسے اس طرح دکھائی دینے لگتے ہیں، جیسے وہ بھی صرف اسی کی کار برآریوں کے لیے بنائے گئے ہیں۔ وہ ان کی بھی پیمائش کرتا ہے، اور ان کے خواص و افعال پر بھی حکم لگاتا ہے۔ اسے کارخانۂ قدرت کی لا انتہائیوں کے مقابلہ میں اپنی درماندگیوں کا قدم قدم پر اعتراف کرنا پڑتا ہے۔ لیکن درماندگیوں کے اس احساس سے اس کی سعی و طلب کی امنگیں پژمردہ نہیں ہو جاتیں، بلکہ اور زیادہ شگفتگیوں کے ساتھ ابھرنے لگتی ہیں اور اسے اور زیادہ بلندیوں کی طرف اڑا لے جانا چاہتی ہیں۔

سوال یہ ہے کہ فکر و ادراک کی یہ فضائے لامتناہی جو انسان کو اپنی آغوش پرواز میں لیے ہوئے گزر رہی ہے، کیا ہے؟ کیا اس کے جواب میں اس قدر کہہ دینا کافی ہو گا کہ یہ محض ایک اندھی بہری قوّت ہے، جو اپنے طبعی خواص اور طبعی احوال و ظروف سے ترقّی کرتی ہوئی فکر و ادراک کا شعلۂ جوالی بن گئی! جو لوگ مادیّت کے دائرے سے باہر دیکھنے کے عادی نہیں ہیں، وہ بھی اس کی جرأت بہت کم کر سکے کہ اس سوال کا جواب بلا تامّل اثبات میں دے دیں۔

میں بھی اس انقلاب کی طرف اشارہ کرنا نہیں چاہتا جو بیسویں صدی کے آخری میں رُونما ہونا شروع ہوا، اور جس نے بیسویں صدی کے شروع ہوتے ہی کلاسیکل طبیعیات کے تمام بنیادی مسلّمات یک قلم متزلزل کر دیے۔ میں ابھی اُس سے الگ رہ کر ایک عام نقطۂ نگاہ سے مسئلہ کا مطالعہ کر رہا ہوں۔

اور پھر خود وہ صورتِ حال جسے ہم نشوو ارتقا (Evolution) سے تعبیر کرتے ہیں، کیا ہے؟ اور کیوں ہے؟ کیا وہ ایک خاص رُخ کی طرف انگلی اٹھائے اشارہ نہیں کر رہی ہے؟ ہم نے سینکڑوں برس کی سُراغ رسانیوں کے بعد حقیقت معلوم کی کہ تمام موجوداتِ ہستی آج جس شکل و نوعیت میں پائی جاتی ہیں، بہ بیک دفعۂ ظہور میں نہیں آ گئیں۔ یعنی کسی براہِ راست تخلیقی عمل نے انہیں ایک شکل و نوعیت نہیں دے دی، بلکہ ایک تدریجی تغیّر کا عالمی قانون یہاں کام کرتا رہا ہے، اور اس کی اطاعت و انقیاد میں ہر چیز درجہ بدرجہ بڑھتی رہتی ہے اور ایک ایسی آہستہ چال سے جسے ہم فلکی اعداد و شمار کی مدّتوں سے بھی مشکل اندازمیں لا سکتے ہیں، نیچے سے اوپر کی طرف بڑھتی چلی آتی ہے۔ ذرّات سے لے کر اجرامِ سماوی تک، سب نے اسی قانونِ تغیّر و تحوّل کے ماتحت اپنی موجودہ شکل و نوعیت کا جامہ پہنا ہے۔ یہی نیچے سے اوپر کی طرف چڑھتی ہوئی رفتارِ فطرت ہے جسے ہم "نشوو ارتقاء" کے نام سے تعبیر کرتے ہیں، یعنی

ایک معیّن، طے شدہ، ہم آہنگ اور منظّم، ارتقائی تقاضنہ ہے جو تمام کارخانۂ ہستی پر چھایا ہوا ہے اور اُسے کسی خاص رُخ کی طرف اٹھائے اور بڑھائے لے جا رہا ہے۔ ہر نچلی کڑی بتدریج اپنے سے اوپر کی کڑی کا درجہ پیدا کرے گی، اور ہر اوپر کا درجہ نچلے درجہ کی رفتارِ حال پر ایک خاص اثر ڈالتے ہوئے اسے ایک خاص سانچے میں ڈھالتا رہے گا۔ یہ ارتقائی صورتِ حال خود توضیحی (Self Explanatory) نہیں ہے، اپنی ایک توضیح چاہتی ہے۔ لیکن کوئی مادّی توضیح ہمیں ملتی نہیں۔ سوال یہ ہے کہ کیوں صورتِ حال ایسی ہی ہوئی کہ یہاں ایک ارتقائی تقاضا موجود ہو، اور وہ ہر تخلیقی ظہور کو نچلی حالتوں سے اٹھاتا ہوا بلند تر درجوں کی طرف بڑھائے لے جائے؟ کیوں فطرتِ وجود میں رفعت طلبیوں کا ایسا تقاضا پیدا ہوا کہ سلسلۂ اجسام کی ایک مرّتب سیڑھی نیچے سے اوپر تک اُٹھتی ہوئی چلی گئی، جس کا ہر درجہ اپنے ماسبق سے اوپر مگر اپنے مابعد سے نیچے پیدا ہوا ہے؟ کیا یہ صورت حال بغیر کسی معنی اور حقیقت کے ہے؟ کیا یہ سیڑھی بغیر کسی بالاخانہ کی موجودگی کے بن گئی اور یہاں کوئی بامِ رفعت نہیں جس تک یہ ہمیں پہچانا چاہتی ہو؟

یاراں خبر دہید کہ این جلوہ گاہِ کیست؟

زمانۂ حال کے علمائے علم الحیات میں پروفیسر لائیڈ مارگن (Lloyd Morgan) نے اس مسئلہ کا علم الحیاتی (Biological) نقطۂ خیال سے گہرا مطالعہ کیا ہے۔ لیکن بالآخر اسے بھی اسی نتیجہ تک پہنچنا پڑا کہ اس صورتِ حال کی کوئی مادّی توضیح نہیں کی جا سکتی۔ وہ لکھتا ہے کہ جو حاصلات (Resultants) یہاں کام کر رہی ہیں، ہم ان کی توضیح اس اعتبار سے تو کر سکتے ہیں کہ انہیں موجودہ احوال و ظروف کا نتیجہ قرار دیں، لیکن ارتقائی تقاضا کا فجائی طور (Emergence) جس طرح اُبھرتا رہا ہے، مثلاً زندگی کی نمود، ذہن و ادراک کی جلوہ طرازی، ذہنی شخصیت اور معنوی انفرادیت کا ڈھلاؤ، ان کی کوئی توضیع بغیر اس کے نہیں کی جا سکتی کہ ایک الٰہی قوّت کی کارفرمائی یہاں تسلیم کر لی جائے۔ ہمیں صورتِ حال بالآخر مجبور کر دیتی ہے کہ فطرتِ کائنات می ایک تخلیقی اصل (Creative Principle) کی کارفرمائی کے اعتقاد سے گریز نہ کریں۔ ایک ایسی تخلیق اصل جو اس کارخانۂ ظرف و زماں میں ایک لازماں (Timeless) حقیقت ہے۔ حقائقِ ہستی کا جب ہم مطالعہ کرتے ہیں تو ایک خاص بات فوراً ہمارے سامنے اُبھرنے لگتی ہے۔ یہاں فطرت کا ہر نظام کچھ اس طرح کا واقع ہوا ہے کہ جب تک اُسے اُس کی سطح سے بلند ہو کر نہ دیکھا جائے، اُس کی حقیقت بے نقاب نہیں ہو سکتی، یعنی فطرت کے ہر منظر کو دیکھنے کے لیے ہمیں ایک ایسا مقامِ نظر پیدا کرنا پڑتا ہے جو

خود اُس سے بلند تر جگہ پر واقع ہے۔ عالمِ طبیعیات کے غوامض علم الحیاتی (Biological) عالم میں کھُلتے ہیں، علم الحیاتی غوامض نفسیاتی (Psychological) عالم میں نمایاں ہوتے ہیں، نفسیاتی غوامض کے لیے ہمیں منطقی بحث و تحلیل کے عالم میں آنا پڑتا ہے، لیکن منطقی بحث و تحلیل کے معمّوں کو کس مقام سے دیکھا جائے؟ اس سے اوپر بھی کوئی مقامِ نظر ہے یا نہیں، جو حقیقت کی کسی آخری منزل تک ہمیں پہنچا دے سکتا ہو؟

ہمیں ماننا پڑتا ہے کہ اس سے اوپر بھی ایک مقامِ نظر ہے، لیکن وہ اس سے بلند تر ہے کہ عقلی نظر و تعلیل سے اس کی نقش آرائی کی جاسکے۔ وہ ماورائے محسوسات (Supra Sensible) ہے، اگرچہ محسوسات سے معارض نہیں۔ وہ ایک ایسی آگ ہے، جو دیکھی نہیں جاسکتی، البتّہ اس کی گرمی سے ہاتھ تاپ لے جاسکتے ہیں۔ وَ من لم یذق لم یدر:

تو نظر بازنۂ، ورنہ تغافل نگہ ست
تو زبان فہم نہ، ورنہ خموشی سخن ست

کائنات ساکن نہیں ہے، متحرک ہے، اور ایک خاص رُخ پر بنتی اور سنورتی ہوئی بڑھی چلی جارہی ہے۔ اس کا اندرونی تقاضہ ہر گوشہ میں تعمیر و تکمیل ہے۔ اگر کائنات کی

اس عالمگیر ارتقائی رفتار کی کوئی مادّی توضیح ہمیں نہیں ملتی، تو ہم غلطی پر نہیں ہو سکتے، اگر اس معمّہ کا حل روحانی حقائق میں ڈھونڈنا چاہتے ہیں۔

اس موقع پر یہ حقیقت بھی پیشِ نظر رکھنی چاہیے کہ مادّہ کی نوعیت کے بارے میں اٹھارویں اور انیسویں صدی نے جو عقائد پیدا کیے تھے، وہ اس صدی کے شروع ہوتے ہی ہلنا شروع ہو گئے، اور اب یکسر منہدم ہو چکے ہیں۔ اب ٹھوس مادّہ کی جگہ مجرّد قوّت نے لے لی ہے، اور الکٹرون (Electron) کے خواص و افعال اور سالمات کے اعدادی و شماری انضباط کے مباحث نے معاملہ کو سائنس کے دائرہ سے نکال کر پھر فلسفہ کے صحرا میں گم کر دیا ہے۔ سائنس کو اپنی خارجیّت (Objective) کے علم و انضباط کا جو یقین تھا، وہ اب یکسر متزلزل ہو چکا، اور علم پھر داخلی ذہنیت (Subjective) کے اُسی ذہنی اور کلّیاتی مقام پر واپس لوٹ رہا ہے، جہاں سے نشاتِ جدیدہ کے دَور کے بعد اُس نے نئی مسافرت کے قدم اُٹھائے تھے۔ لیکن میں ابھی یہ داستان نہیں چھیڑوں گا کیونکہ بجائے خود یہ ایک مستقل مبحث ہے۔

یہ سچ ہے کہ یہ راہ محض استدلالی ذریعۂ علم سے طے نہیں کی جا سکتی۔ یہاں کی اصلی روشنی کشف و مشاہدہ کی روشنی ہے۔ لیکن اگر ہم کشف و مشاہدہ کے عالم کی خبر نہیں رکھنی چاہتے، جب بھی حقیقت کی نشانیاں اپنے چاروں طرف دیکھ سکتے ہیں، اور اگر

غور کریں، تو خود ہماری ہستی ہی سر تا سر نشانِ راہ ہے۔ و لقد احسن من قال :

خلقے نشانِ دوست طلب می کنند و باز
از دوست غافل اند بچندیں نشاں کہ ہست

ابوالکلام